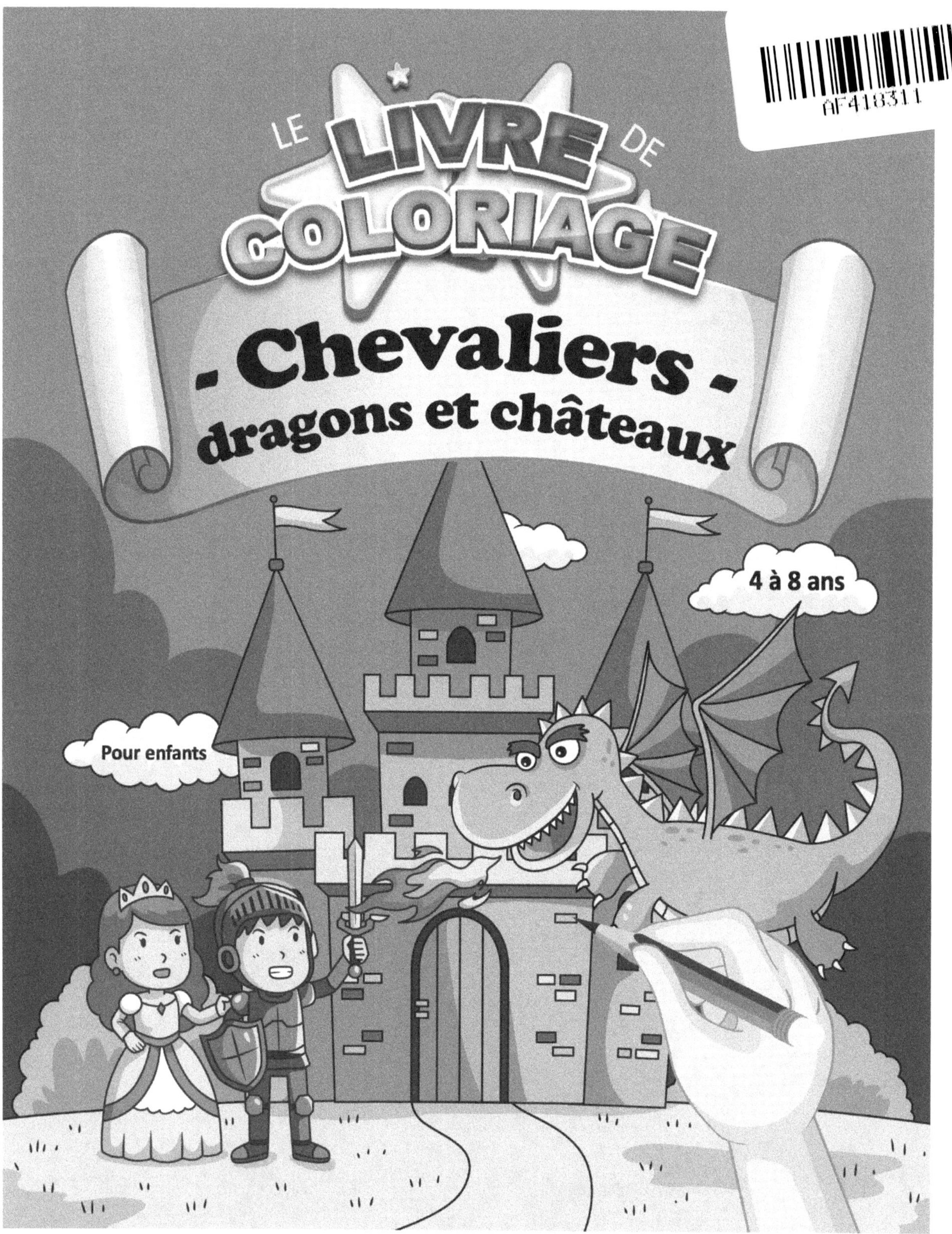

LE LIVRE DE COLORIAGE
- Chevaliers -
dragons et châteaux
4 à 8 ans
Pour enfants

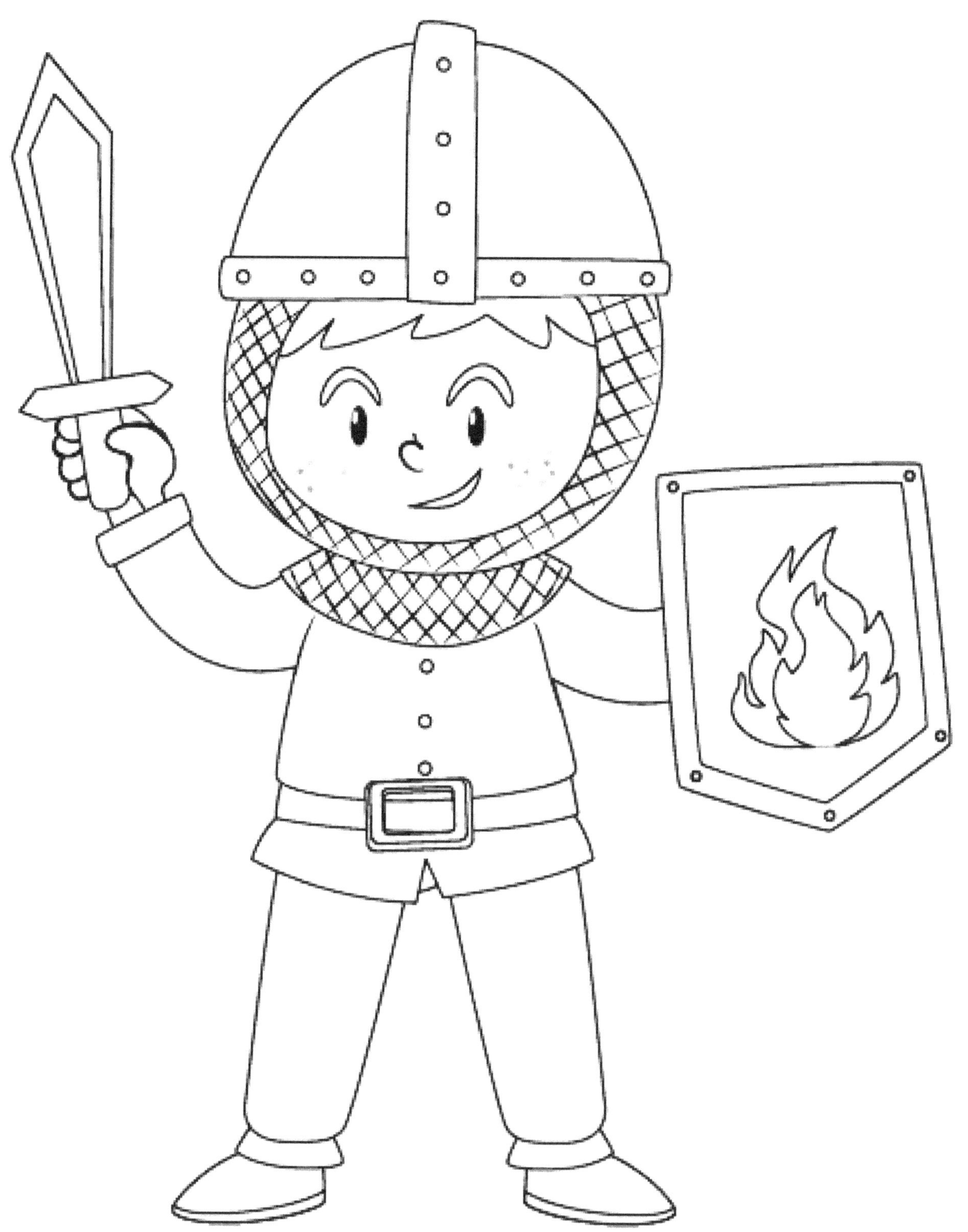

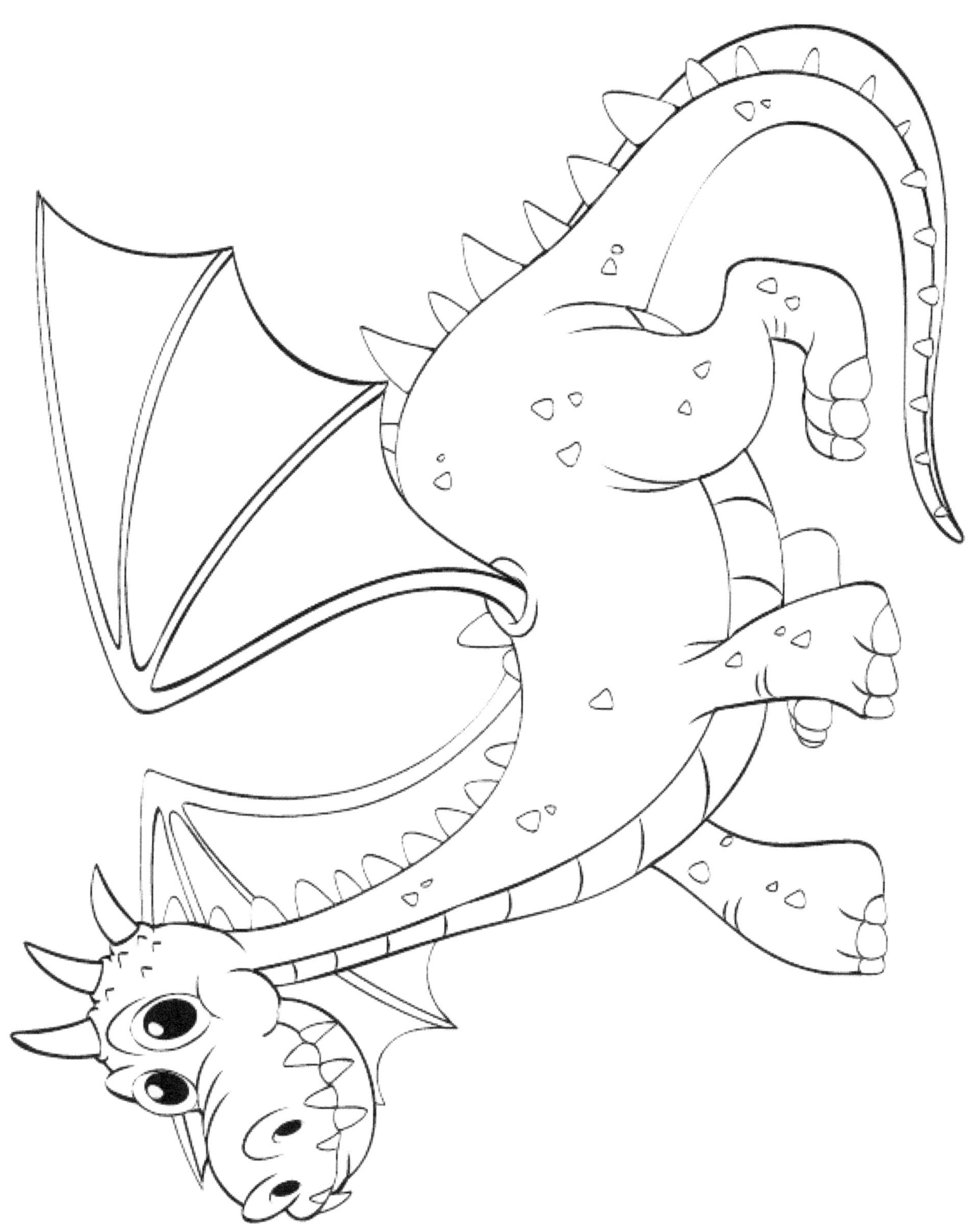

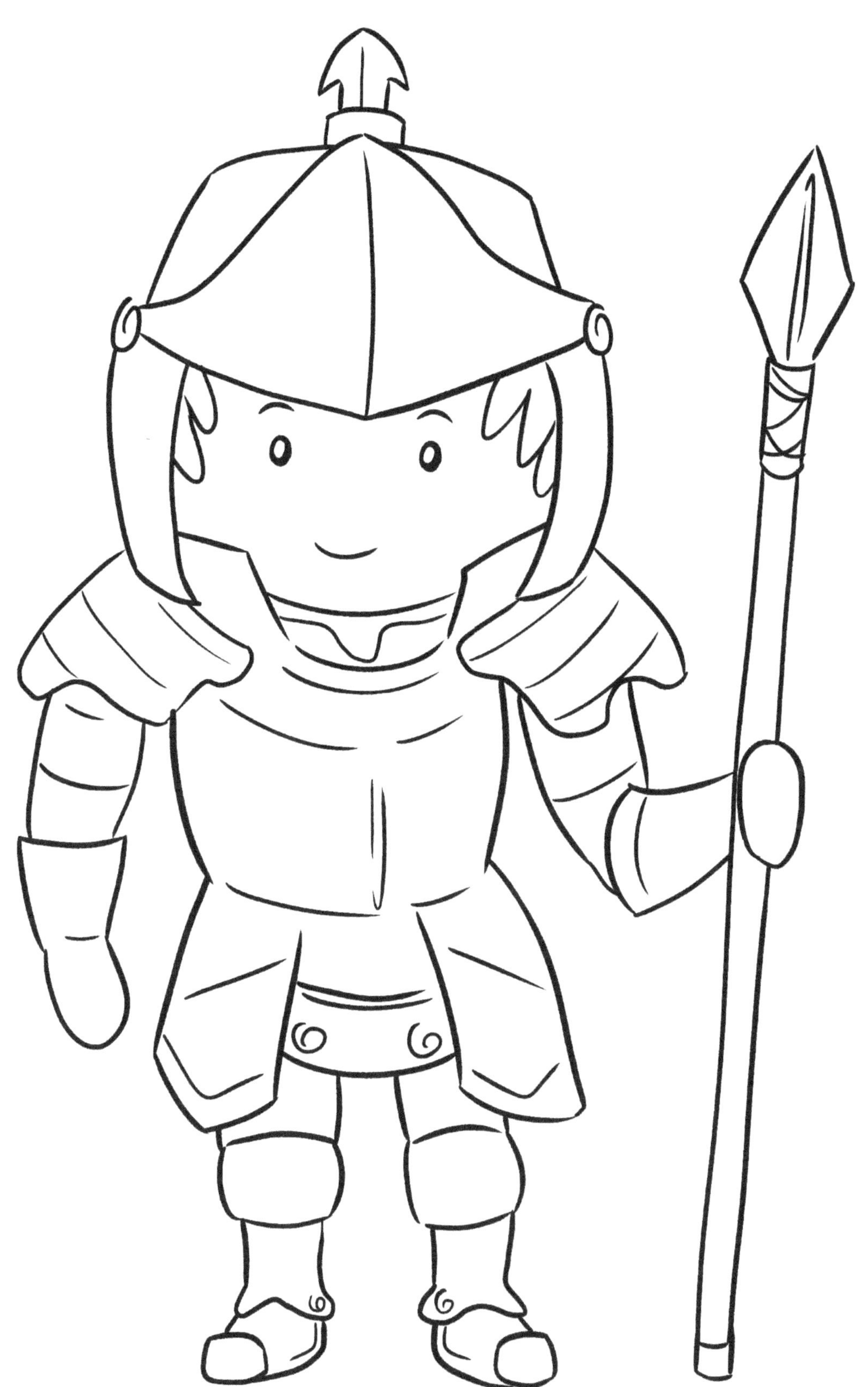

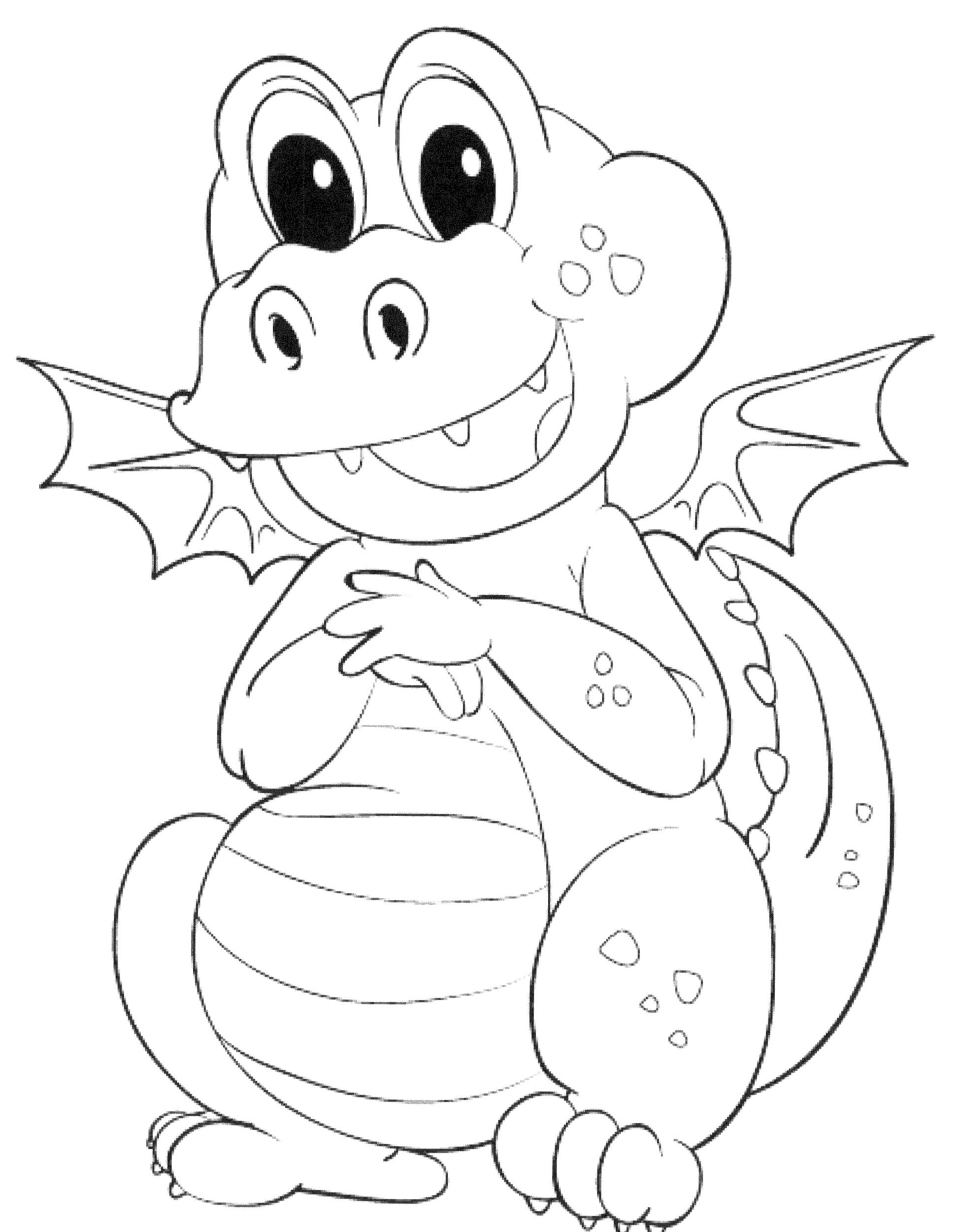

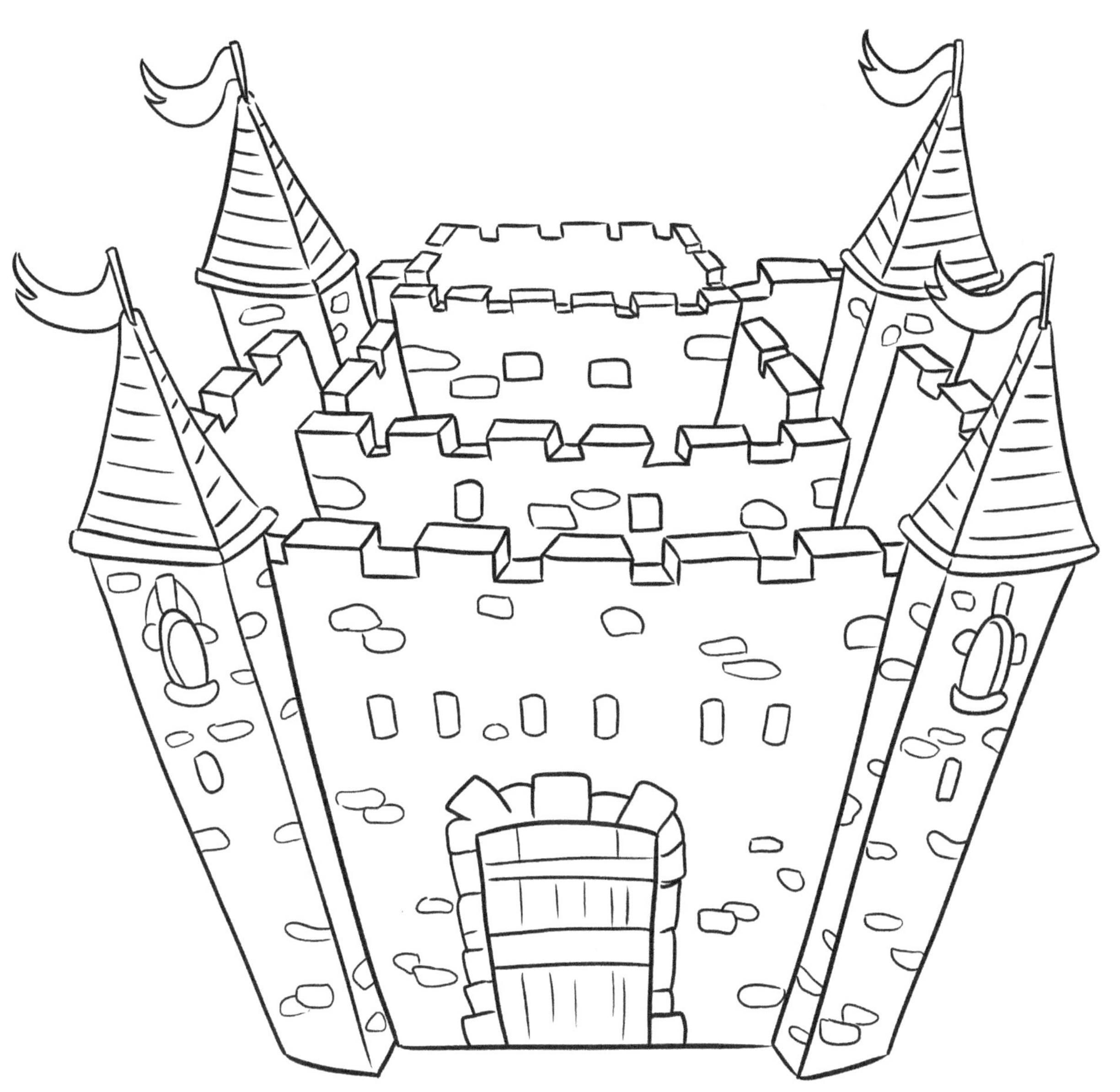

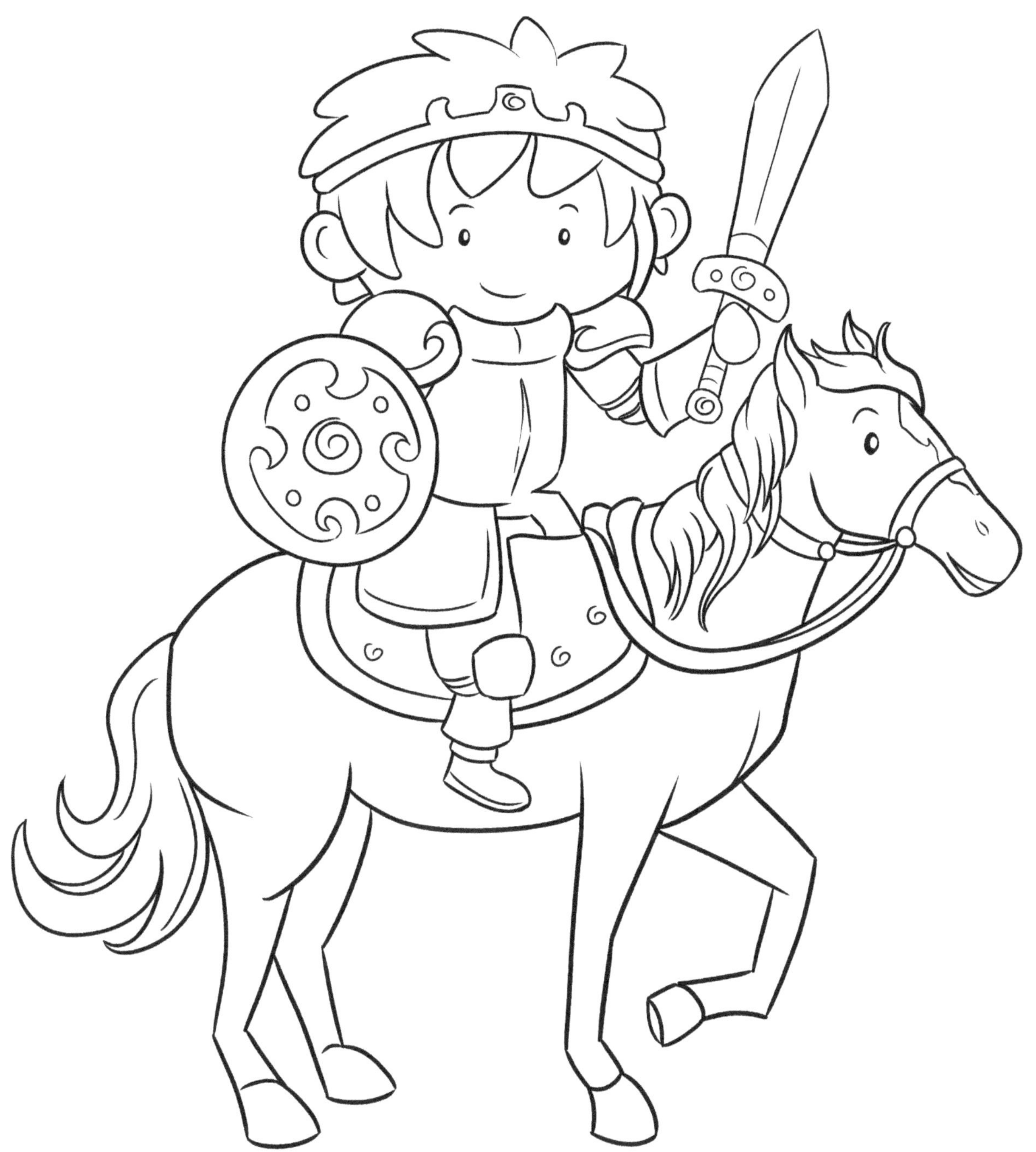

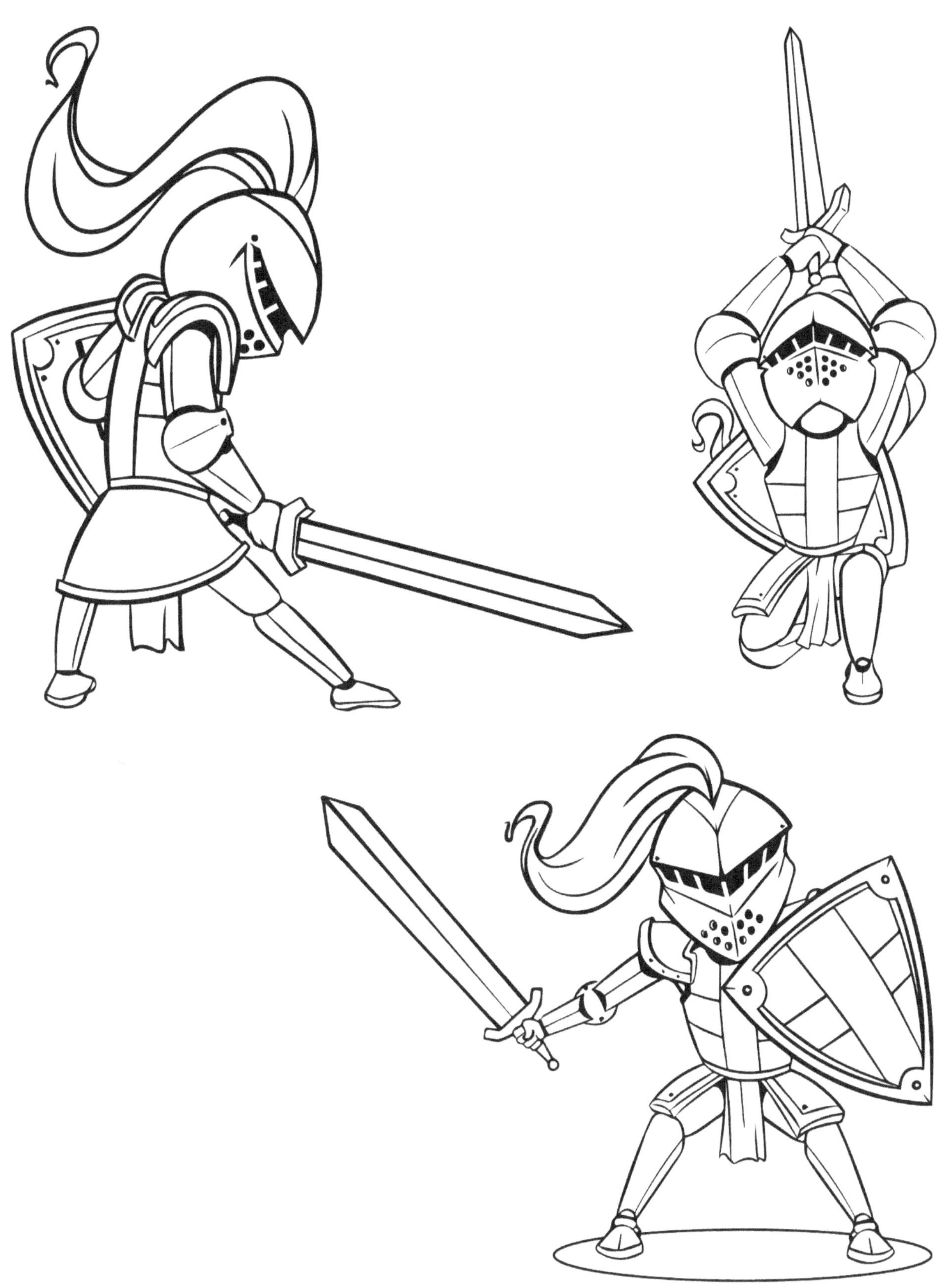

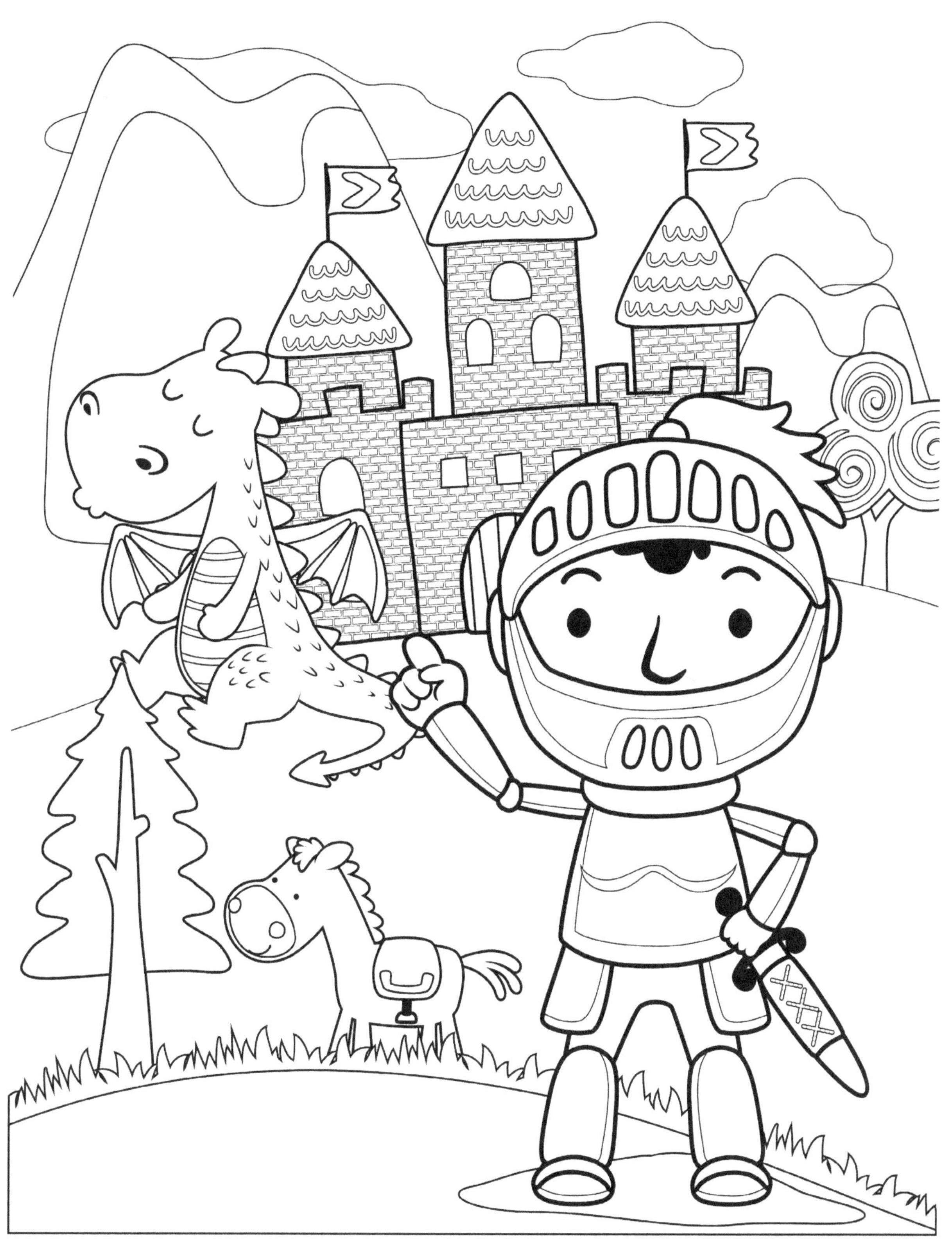

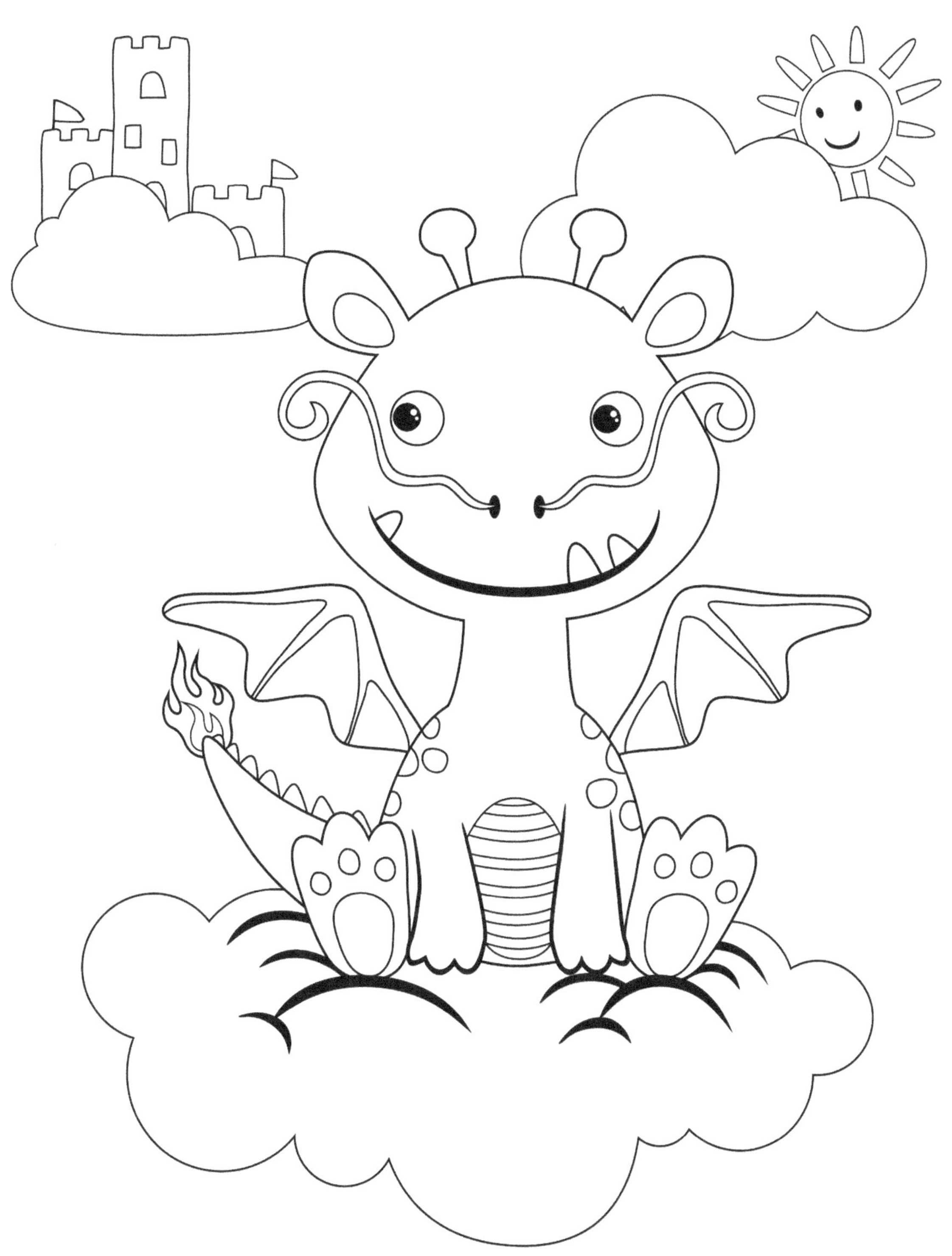

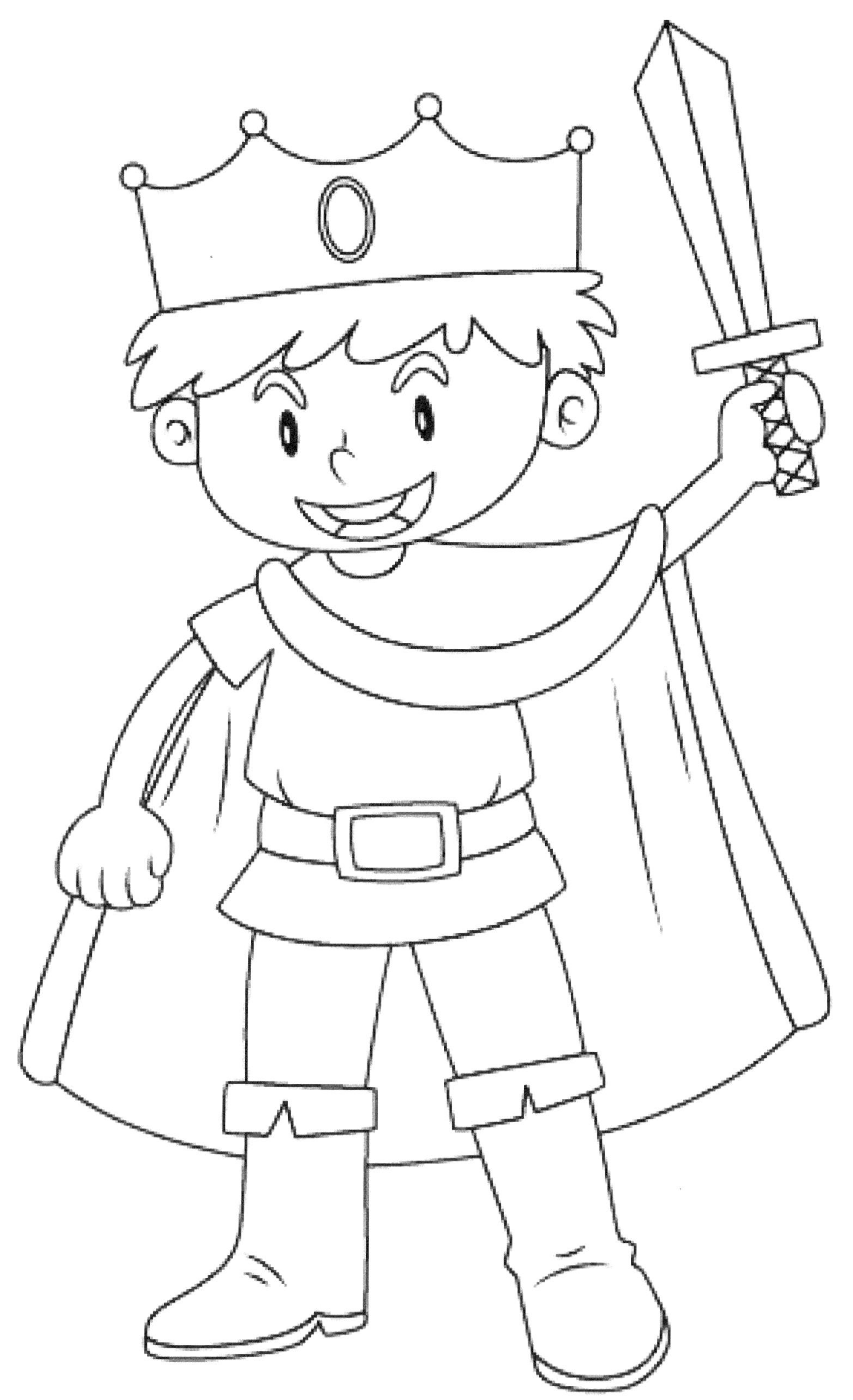

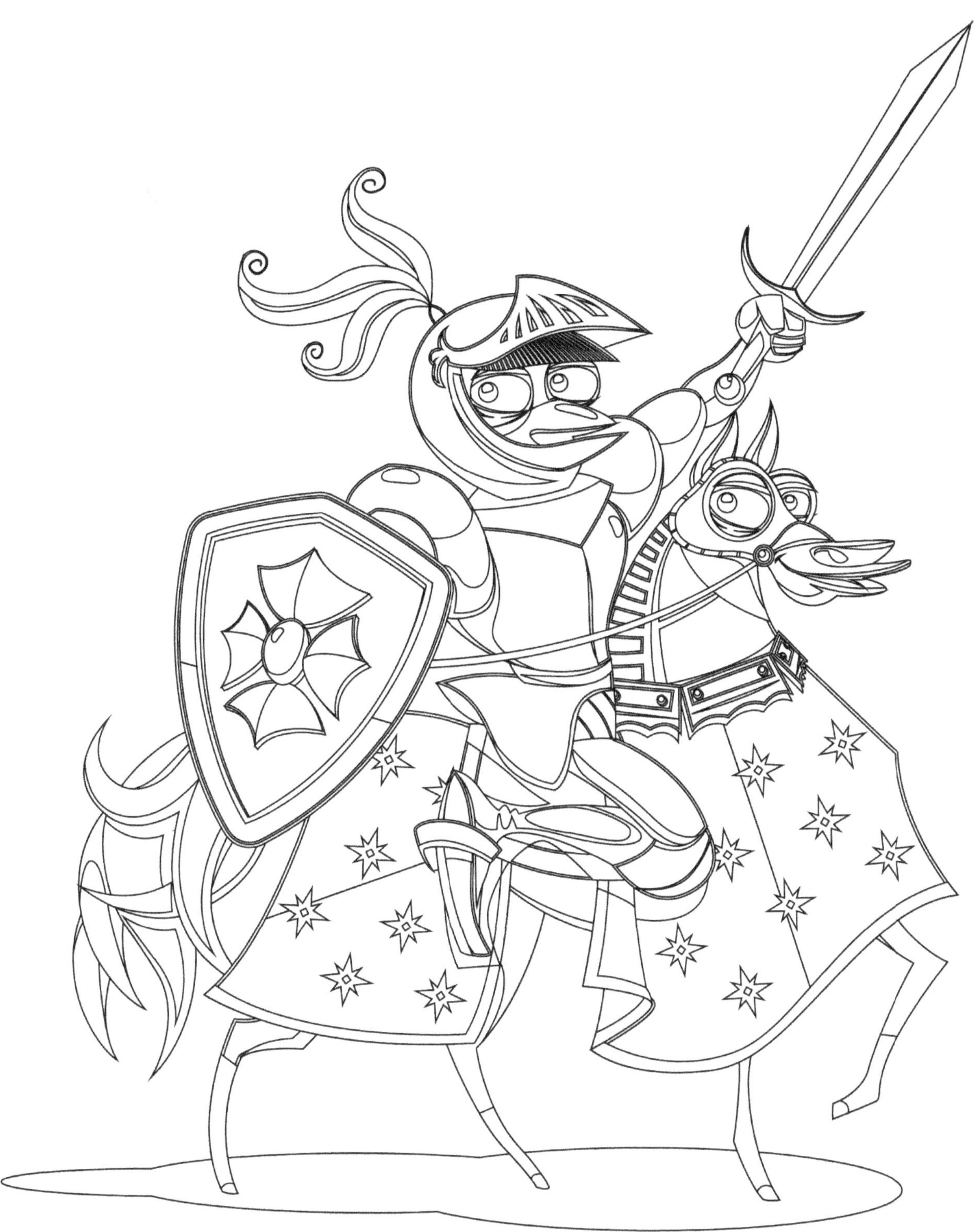

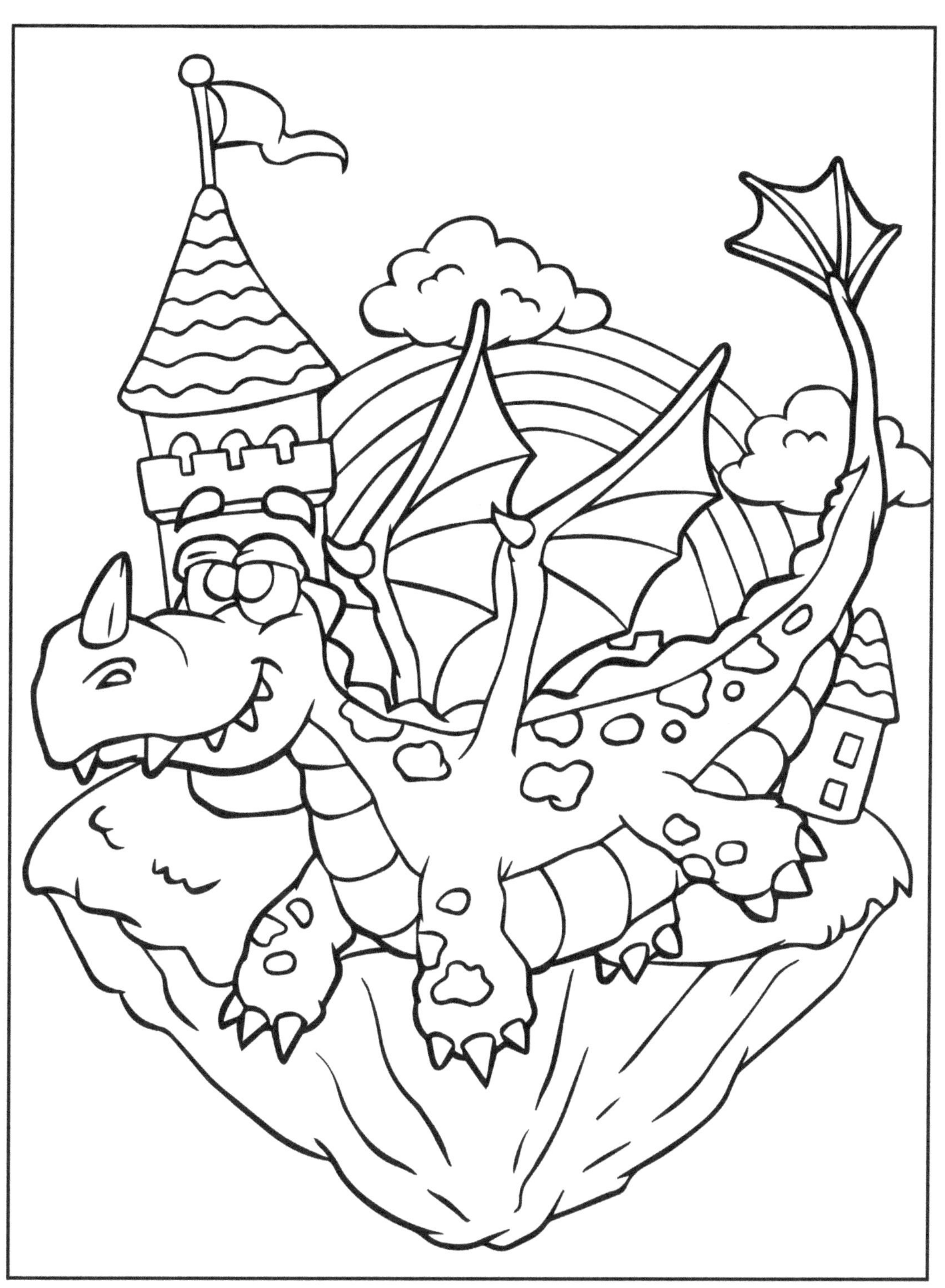

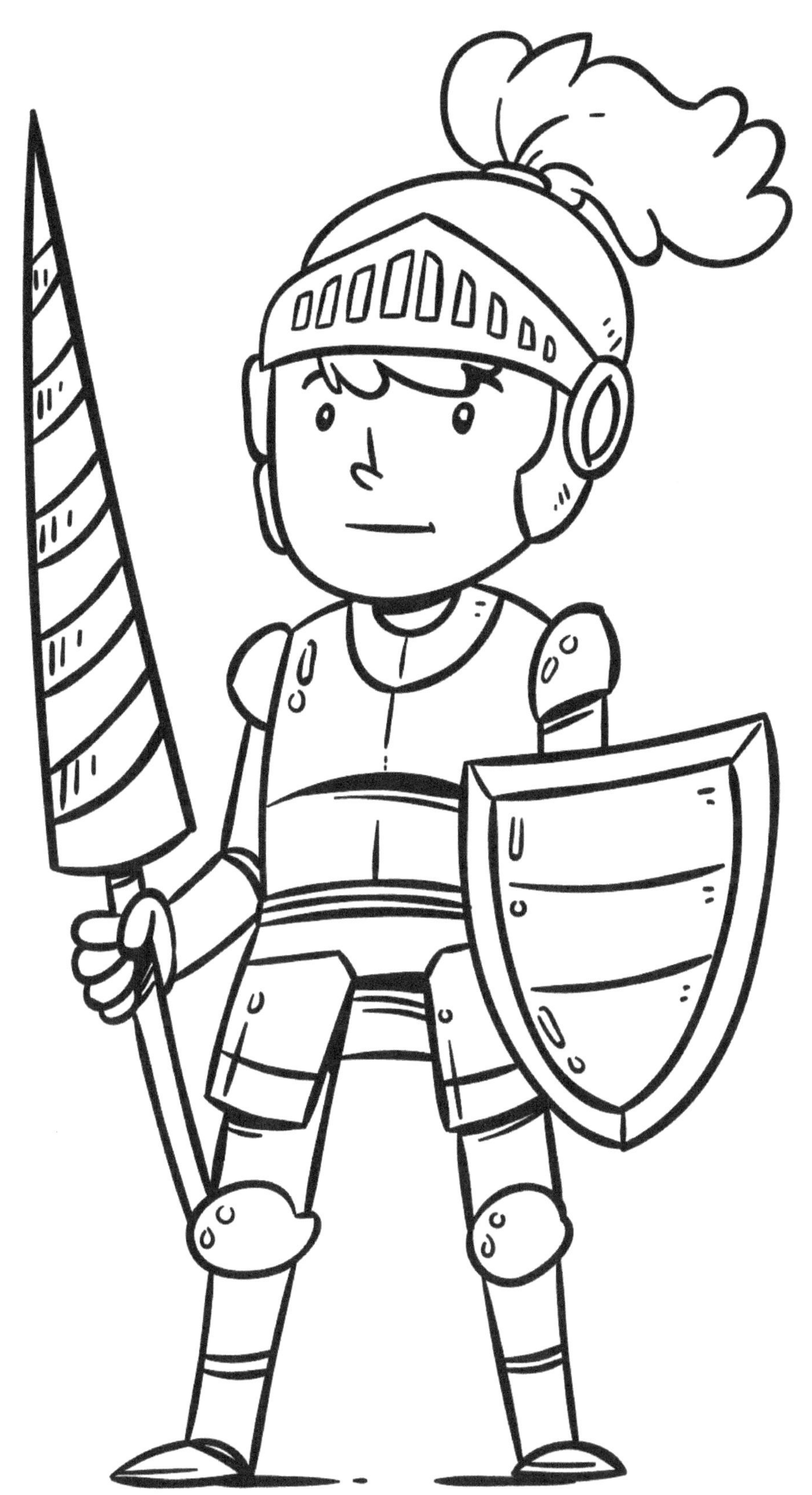

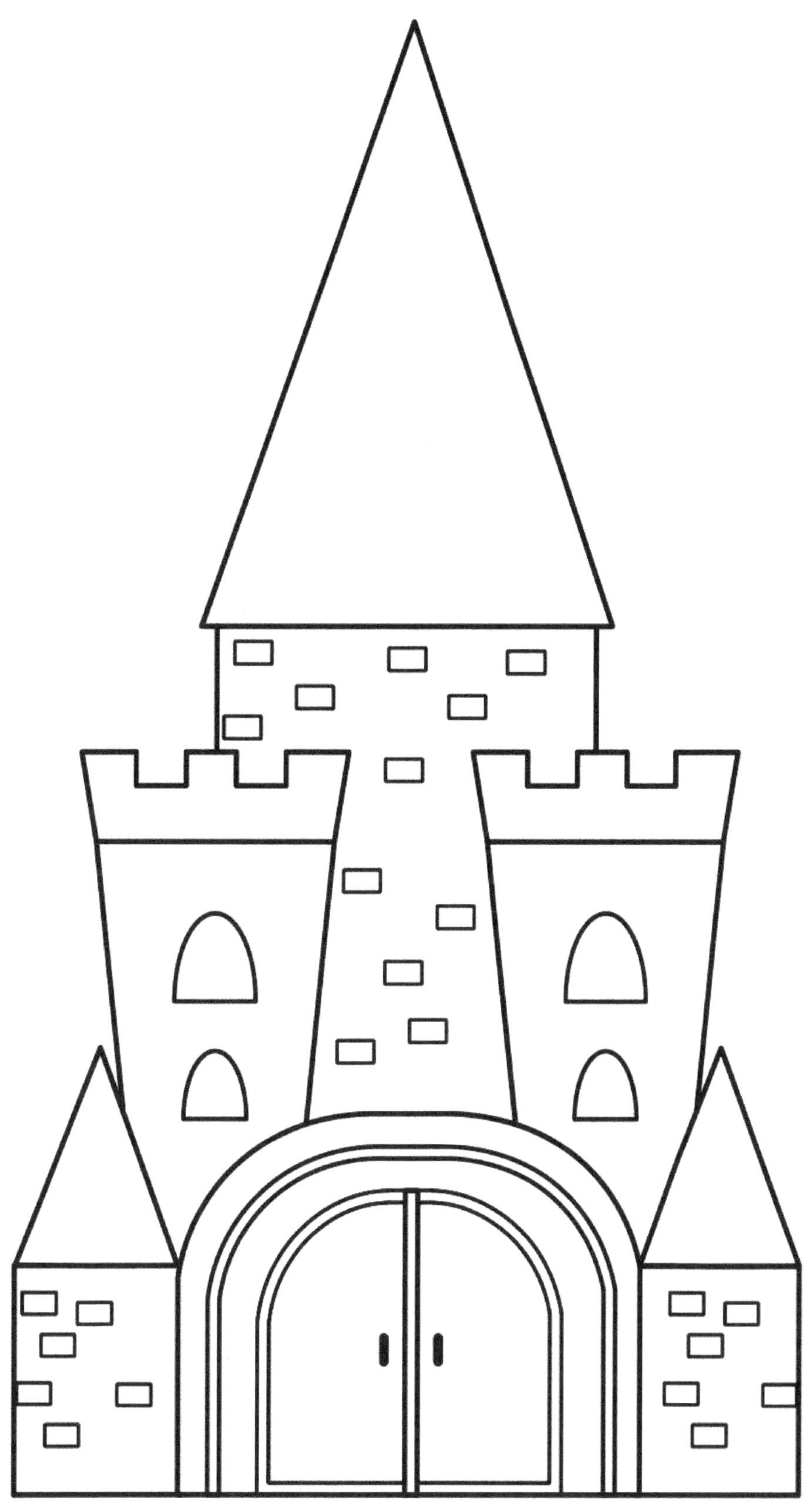

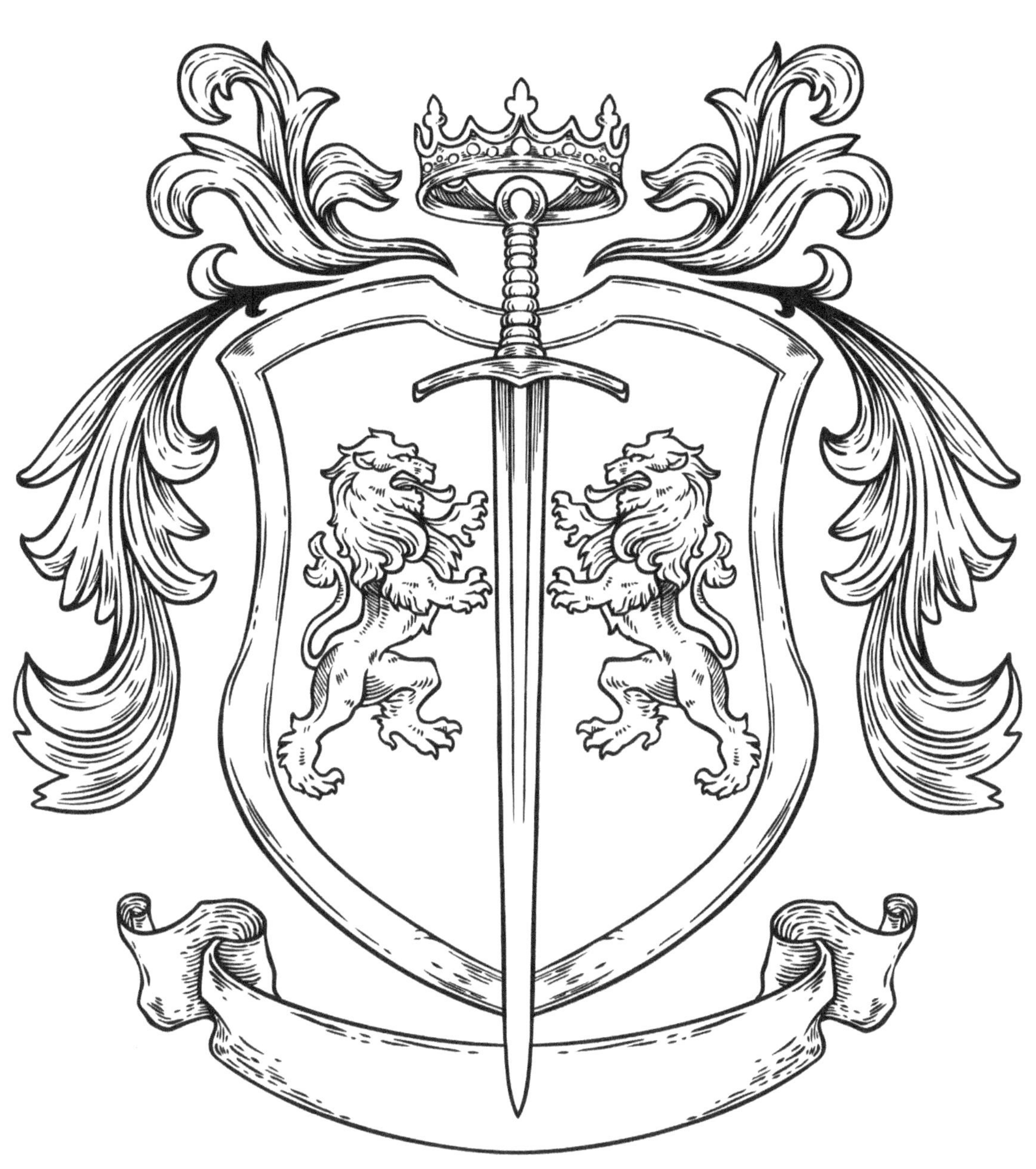

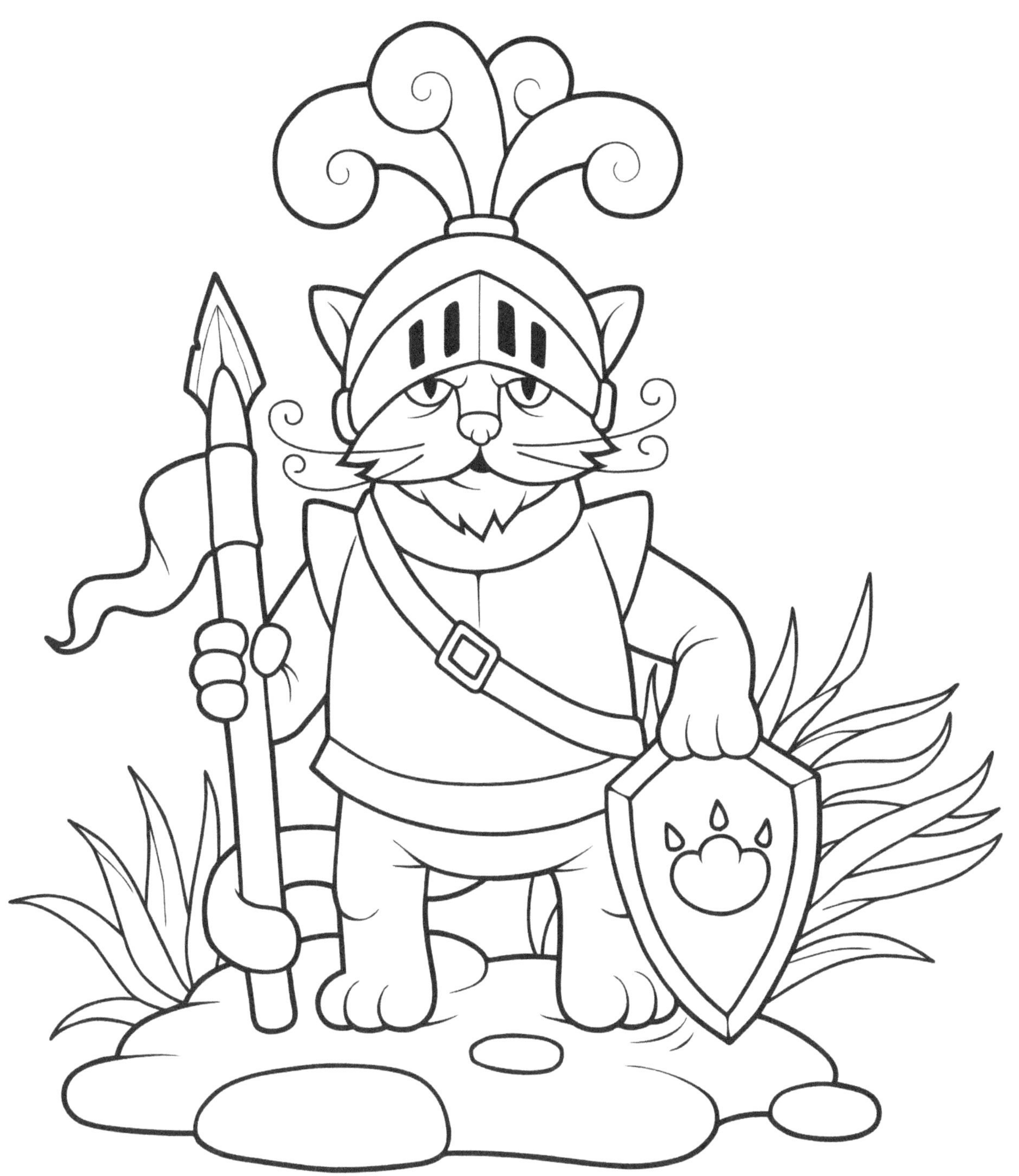

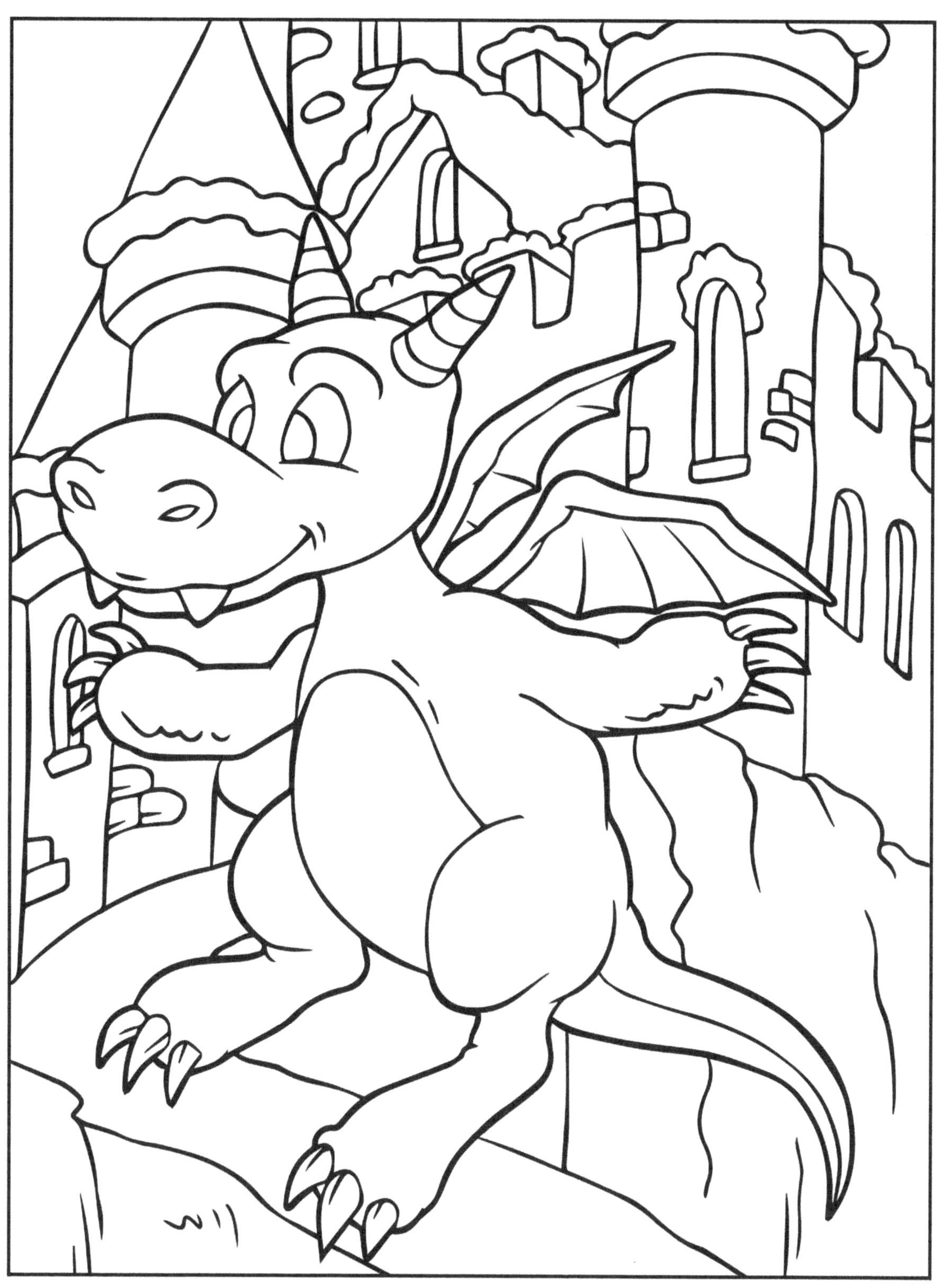

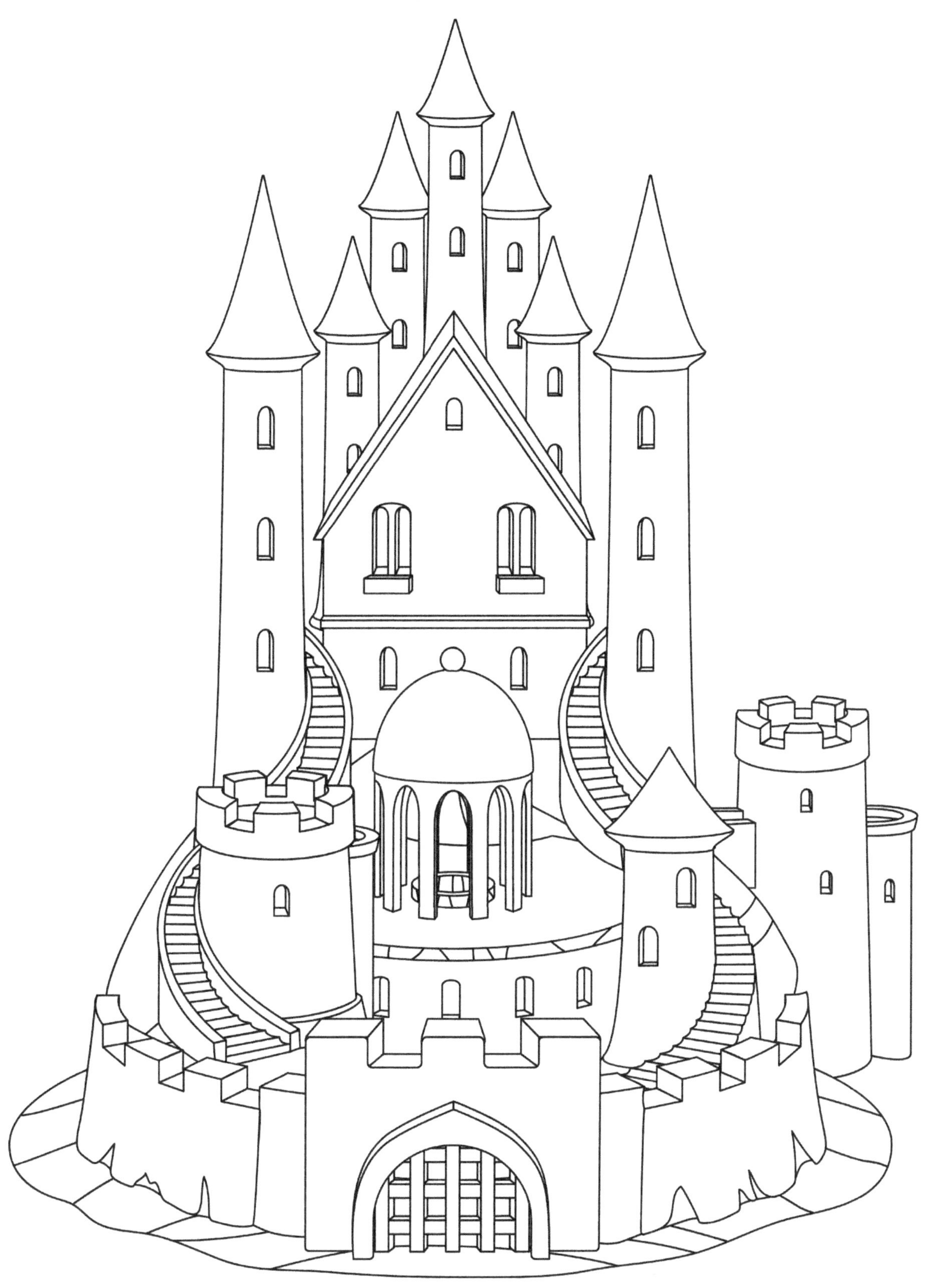

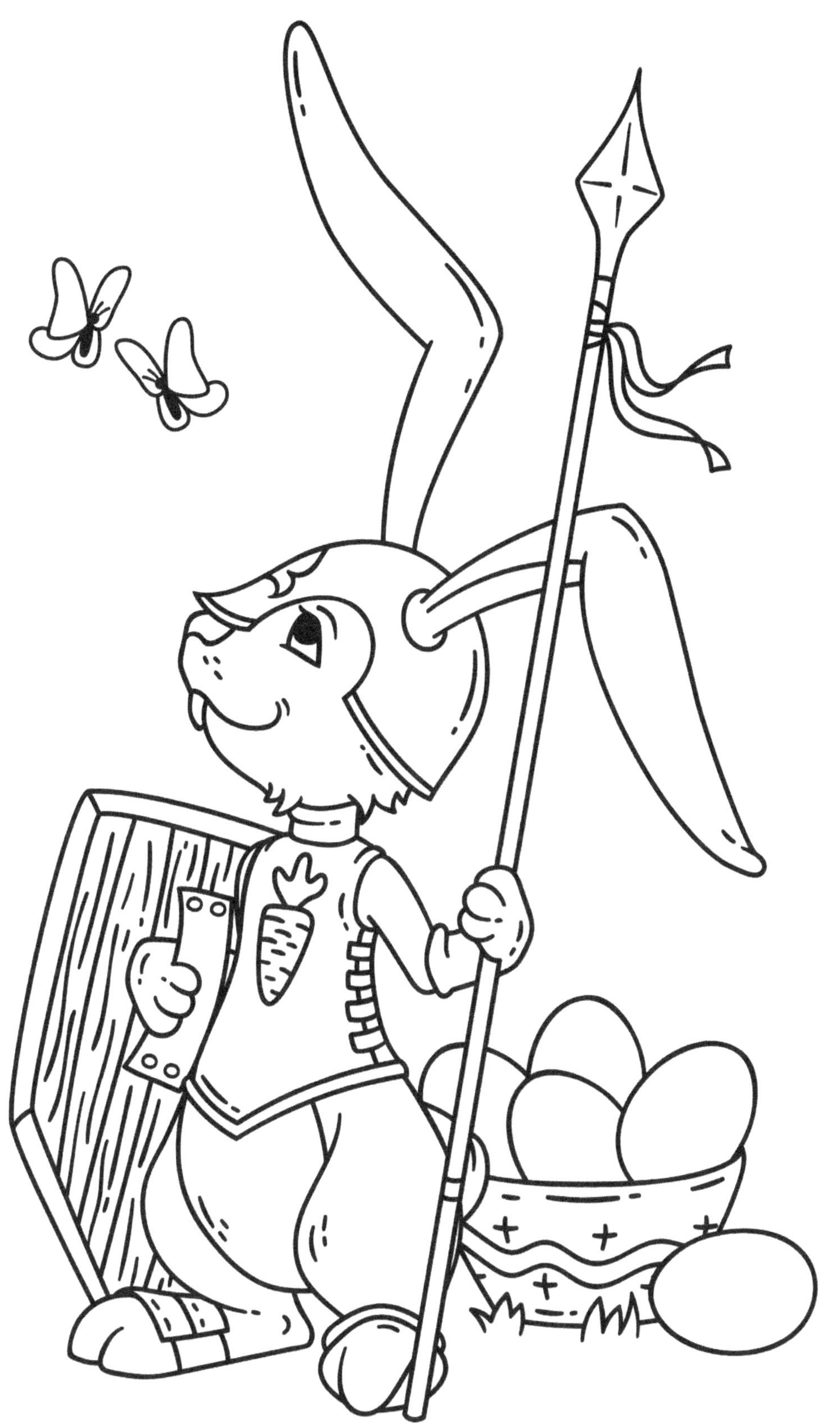

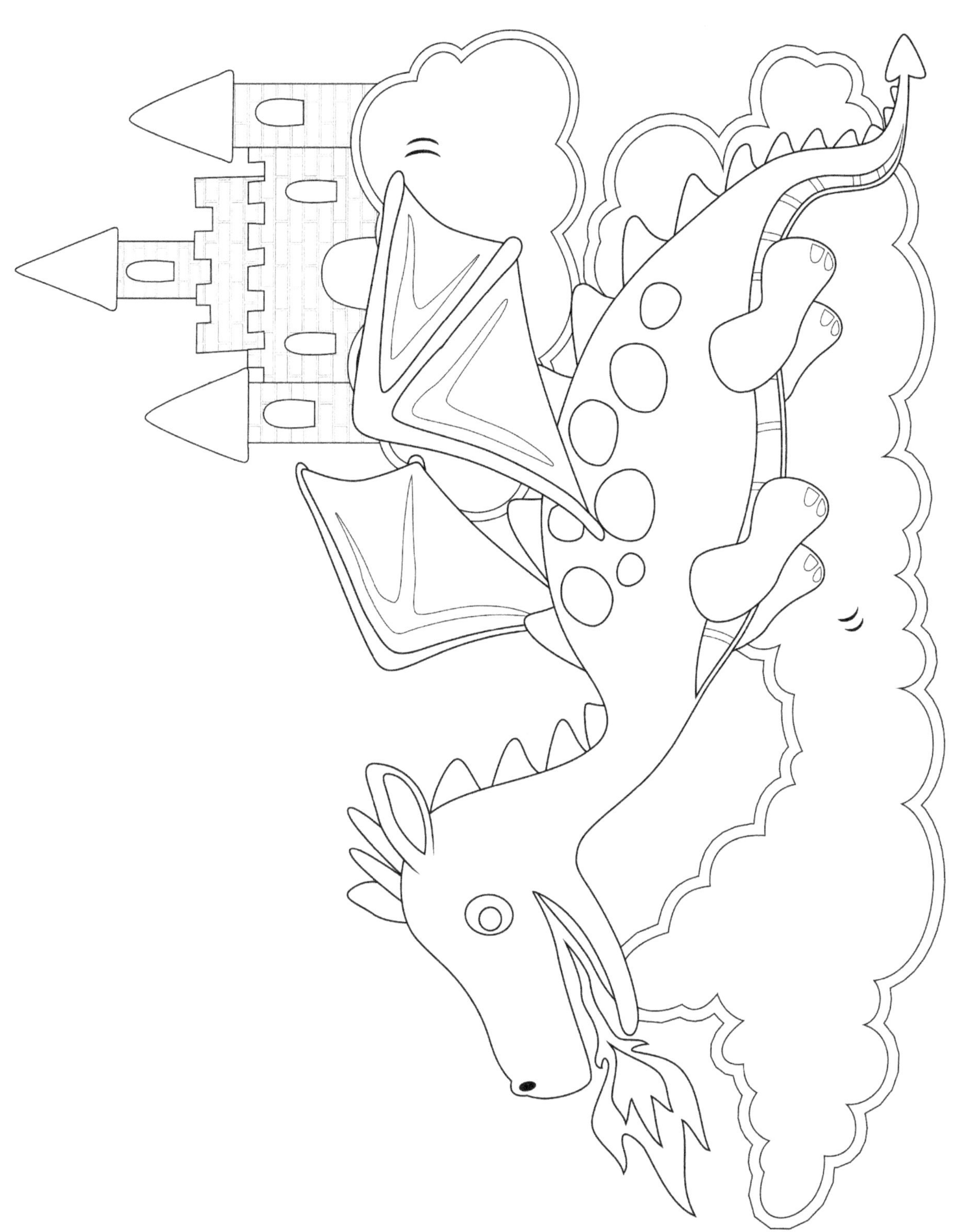

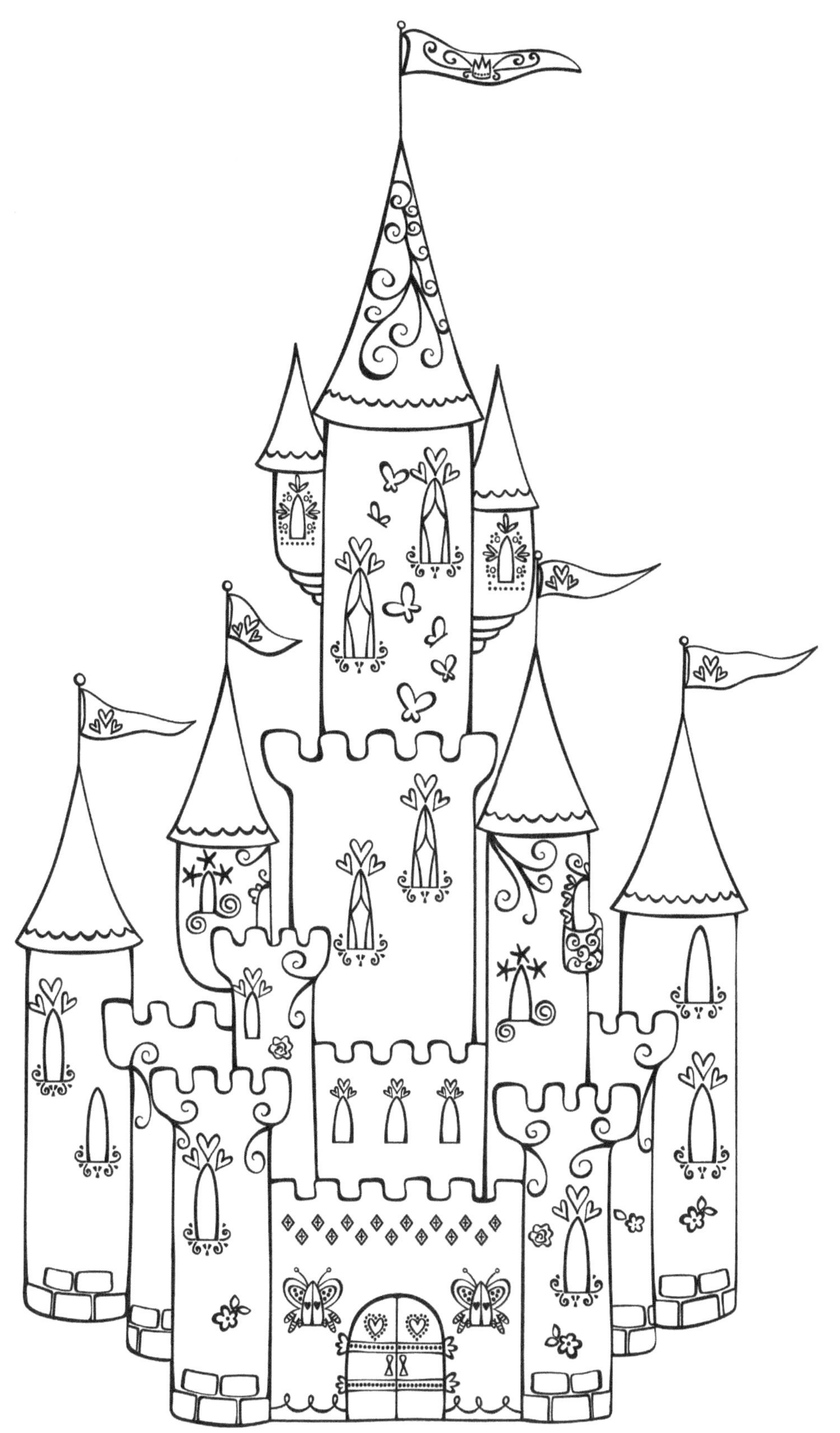

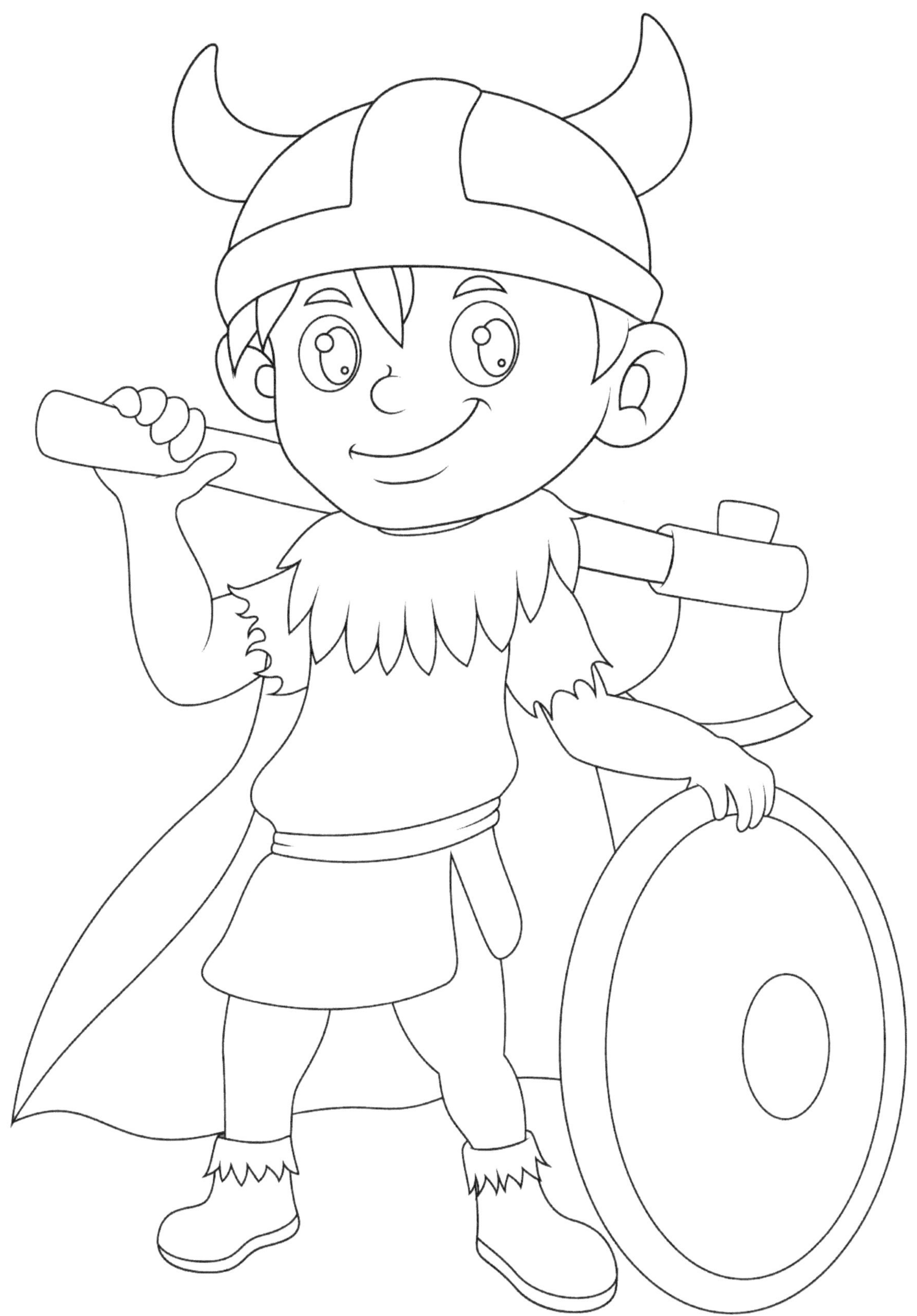

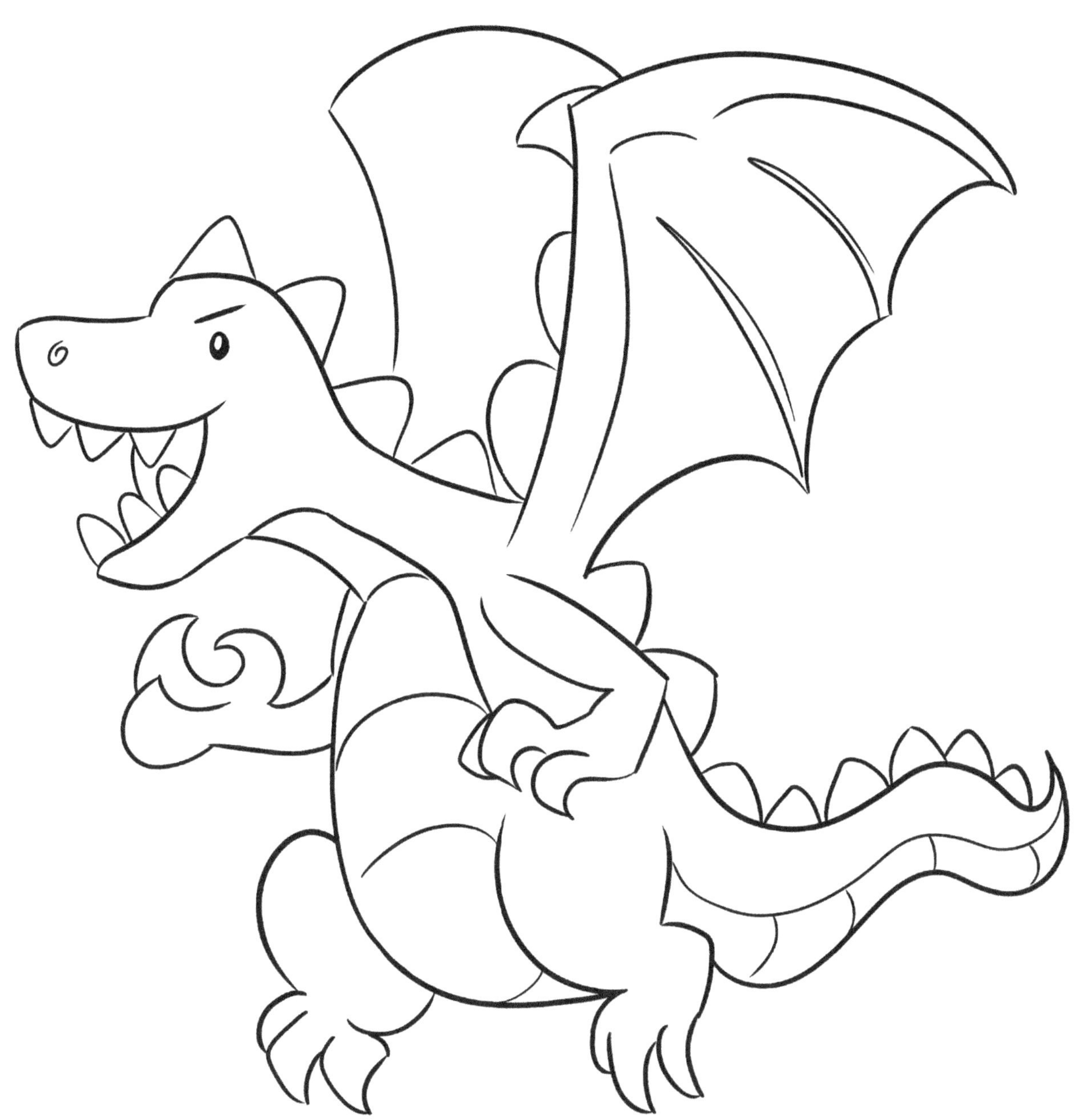

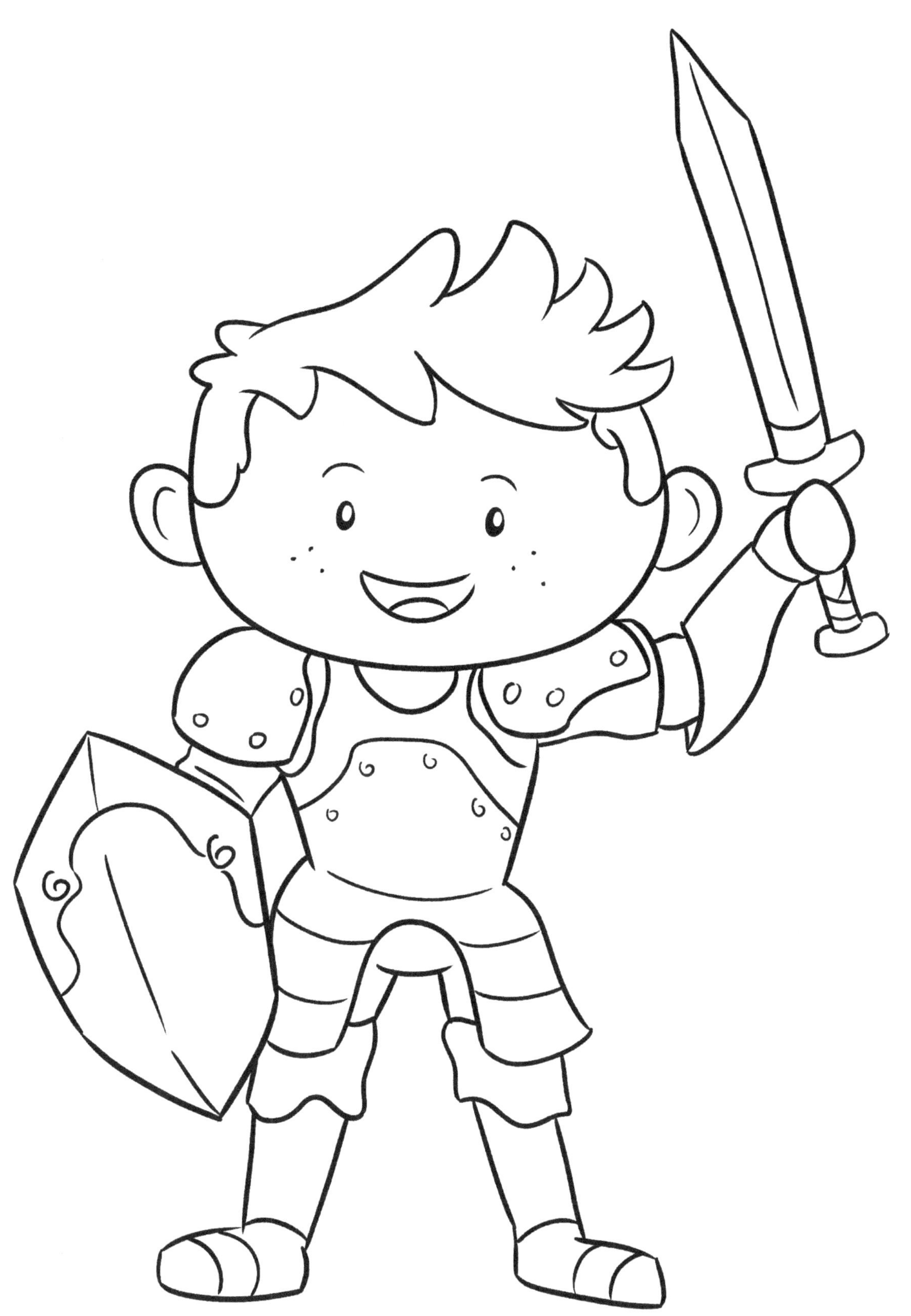

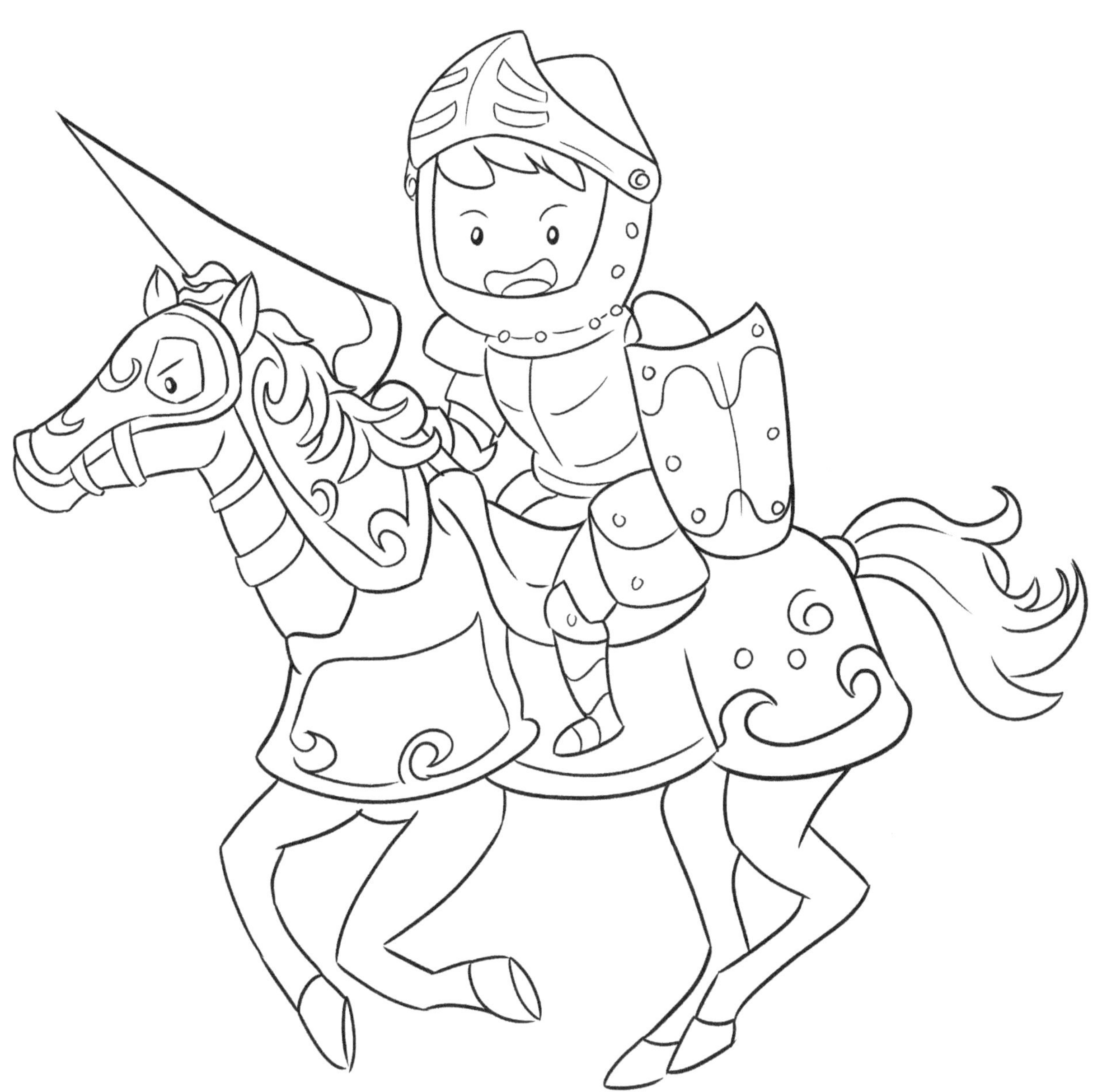

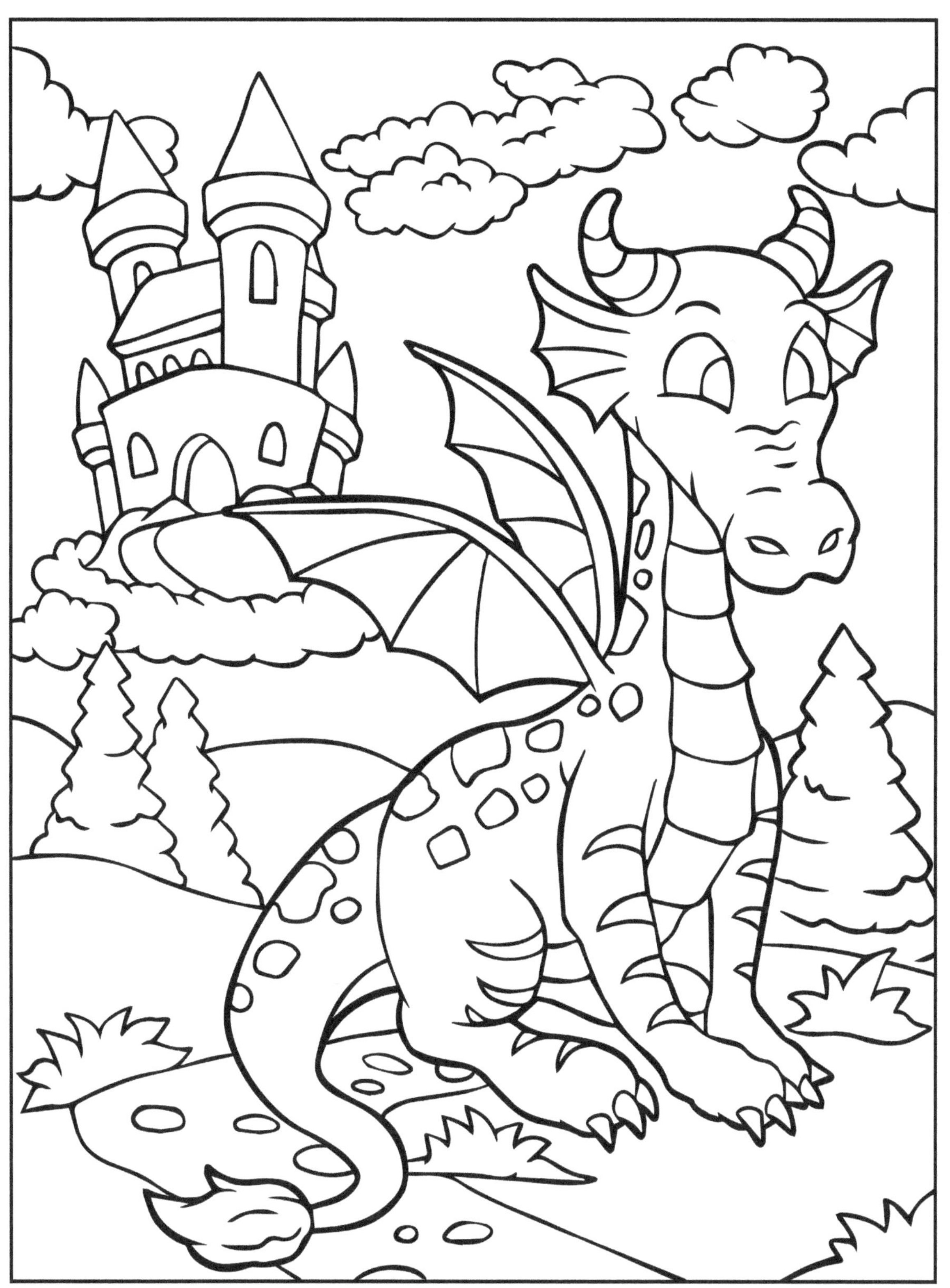

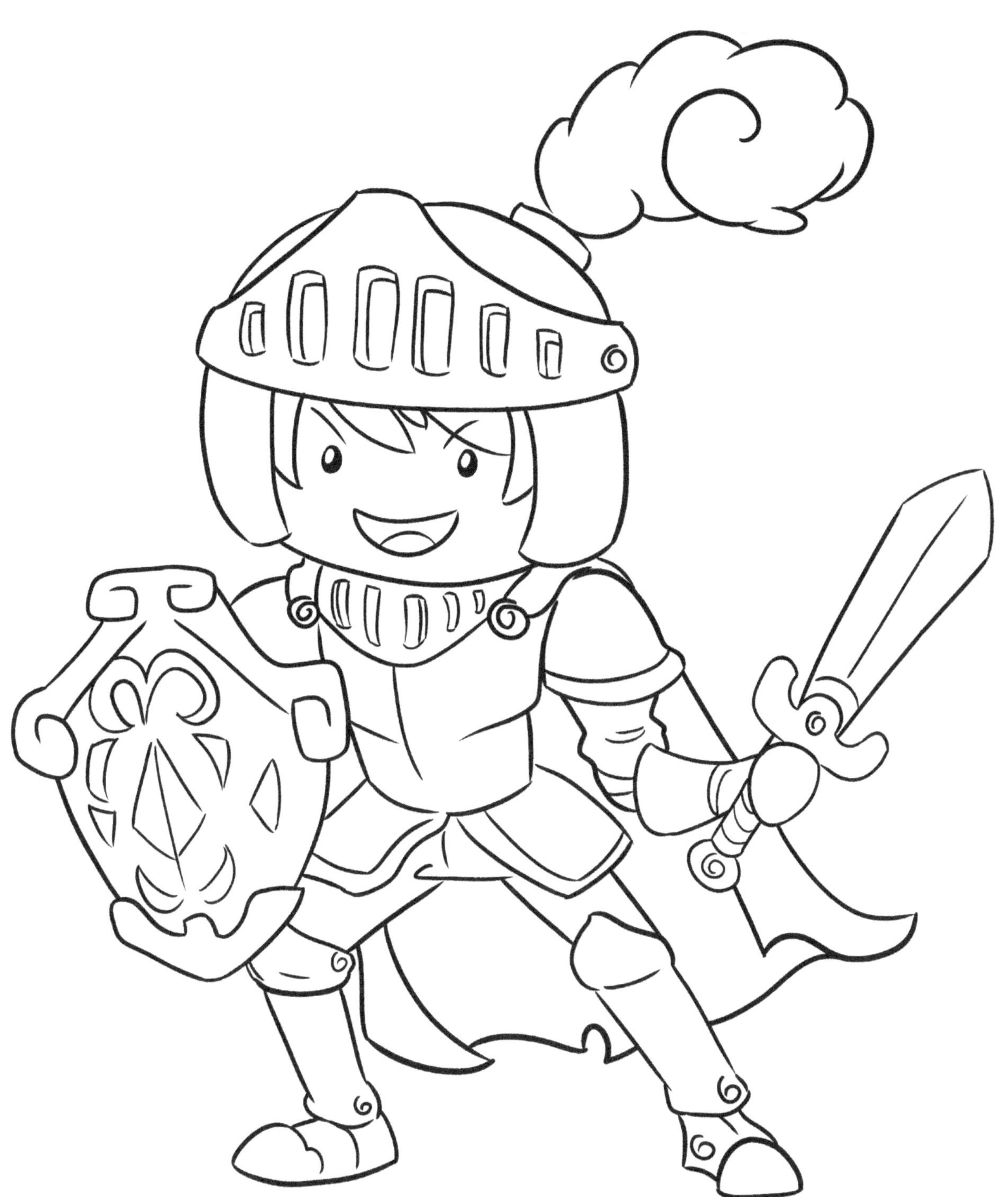

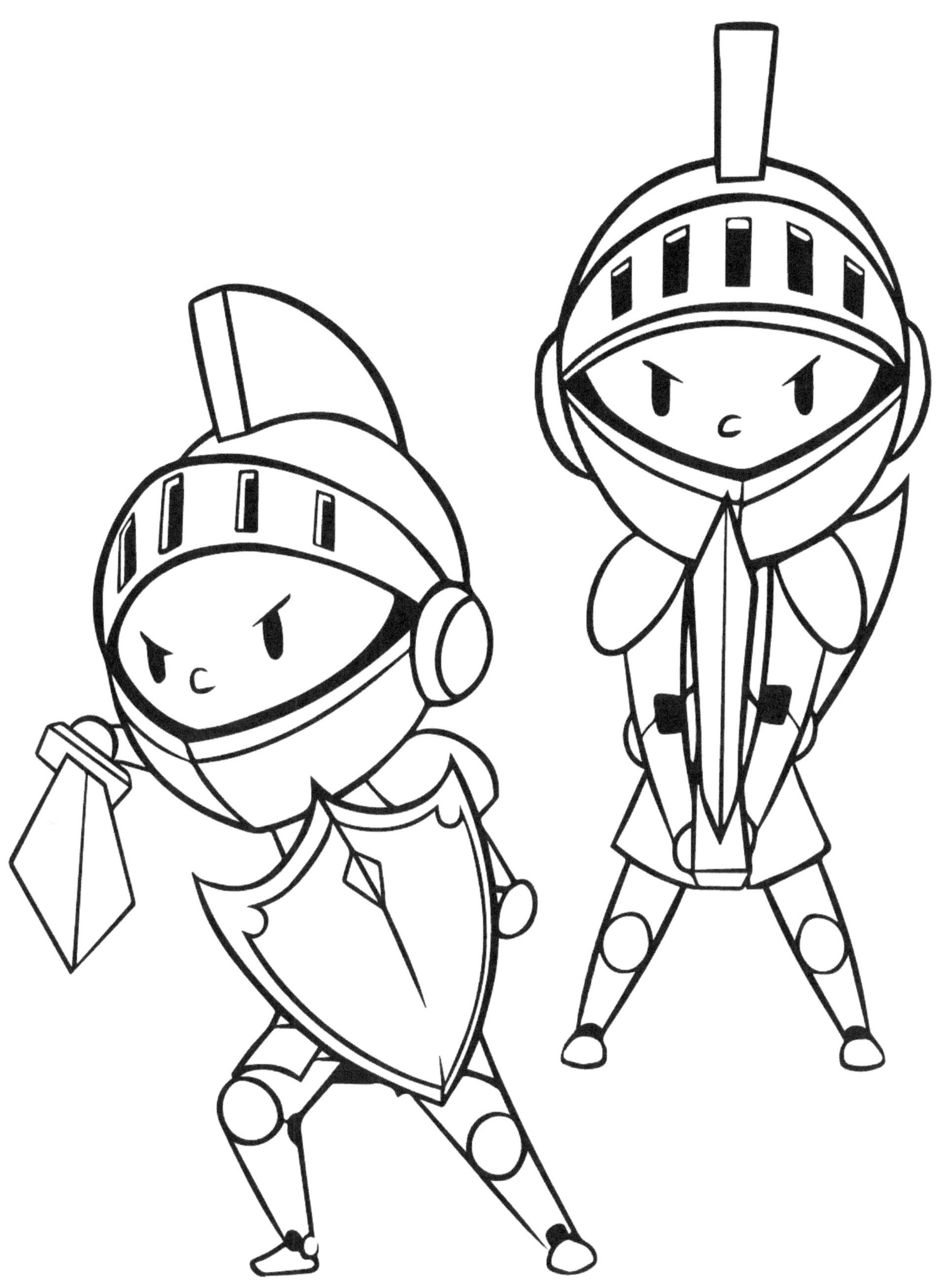

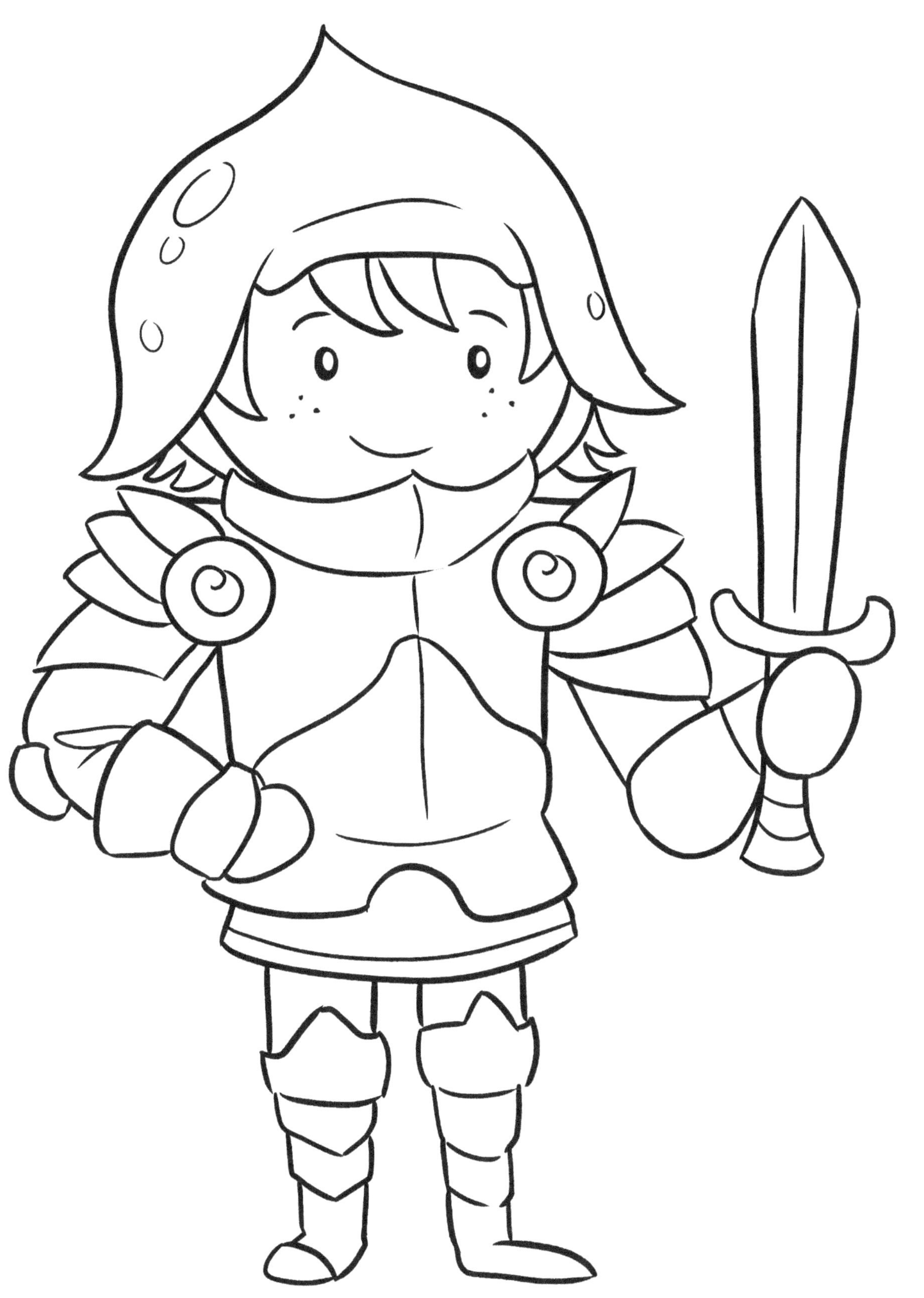

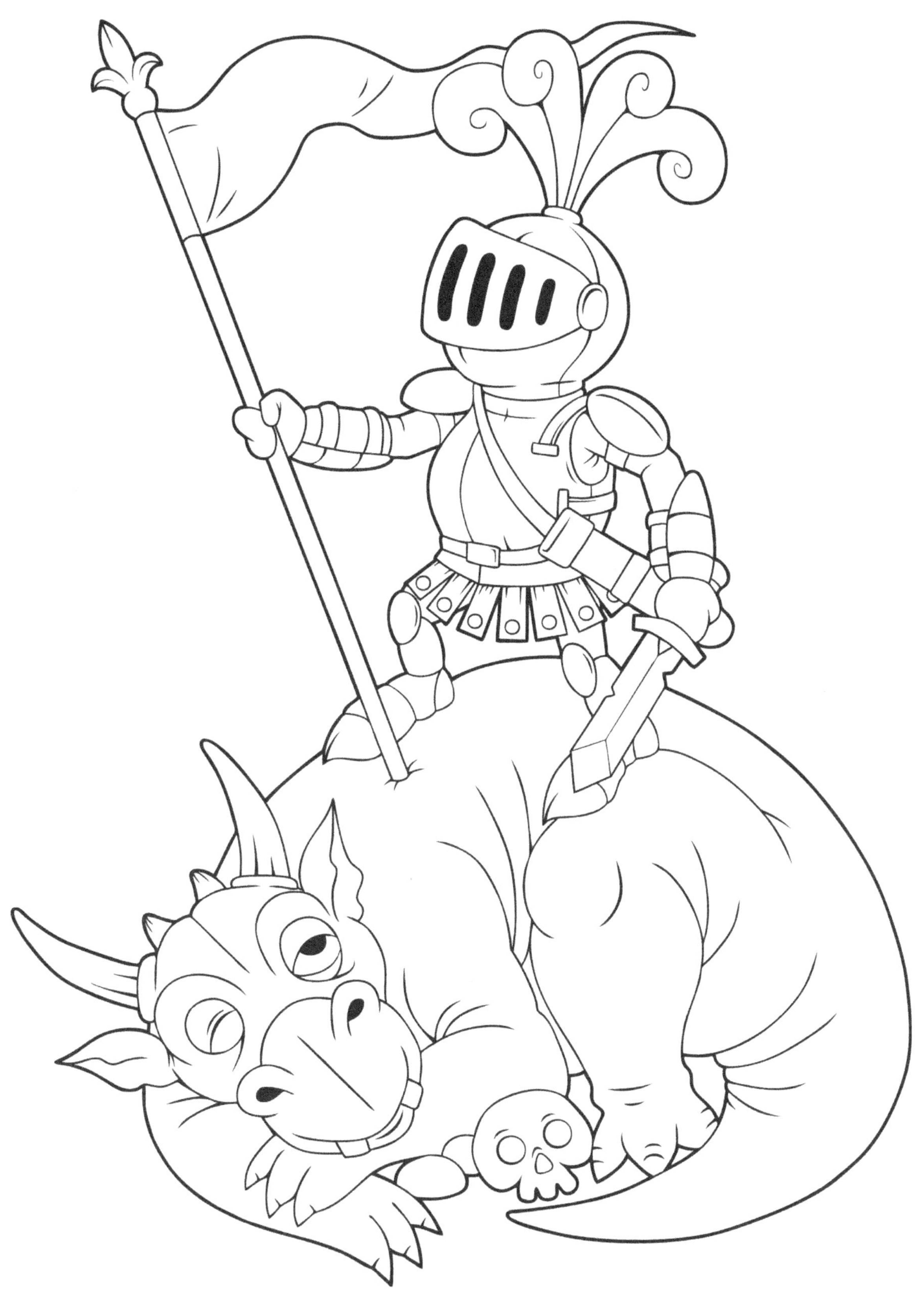